Coven Tanita-Pan

Hexen des Alten Weges

Dieses Buch ist den Hexen dieser Erde gewidmet, auch jenen, die nicht mit allem einverstanden sein mögen, was wir hier niedergeschrieben haben. Die Erde ist unser aller Mutter. Seien wir eins in ihrer Schönheit und lieben wir einander in der Vielfalt, die uns die Alten Götter bescheren – zu ihrem Vergnügen und zu unserem. Ganz besonders aber widmen wir dieses Buch unseren zahllosen Vorfahren, Frauen und Männern, die für ihren Glauben unter der Marter und auf den Scheiterhaufen der Inquisition sterben mußten. Ihr Andenken soll uns stets heilig bleiben.

Der Ansata Verlag ist ein Unternehmen der Econ Ullstein List Verlag GmbH & Co. KG

ISBN 3-7787-7197-3

Redaktion: Dr. Juliane Molitor, Braunschweig
Einbandgestaltung: Gerd Aumann, Wiesbaden
Gestaltung und Satz: Marcus Nerger, Augsburg

Coven Tanita-Pan

Hexen des Alten Weges

Praktische Magie und die Mysterien
von Transzendenz und Macht

Ansata

Credo einer modernen Hexe

Wir sind Hexen. Wir dienen den alten Göttern: dem Mond und der Sonne, der Erde, dem Himmel, den Tieren, den Pflanzen, den Steinen. Mit uns ist die Kraft, mit uns ist die Weisheit, mit uns sind Freude und Trauer, das Schlagen der Zimbeln, die Flöte des Pan. Das Licht der Sterne liebkost unsere Leiber, die Halme des Grases schmeicheln unserer Haut. Wir kennen die Tränen, das Lachen, das Schweigen, wir wissen die Sänge, die Tänze, die Kräuter, wir kennen die Worte der Macht und der Kraft. Mit uns sind Pan und Hekate, Inanna, mit uns das Leben, die Göttin, der Gott. Vom Mondlicht durchwirkt schimmert unser Haar an den Feuern, und mögen diese auch nur lodern in der Heimlichkeit unserer Herzen. Wir sind Hexen, denn wir sind Menschen, Herren über Leben und Tod. Wir zwingen den Regen und hexen die Dürre, wir heilen uns selbst und zerschmettern den Feind, achtsam behalten wir die Scheiterhaufen im Auge. Vor allem aber lieben wir die Götter, die niemals starben, wir erwachen bei ihrem Ruf, und wir folgen unserem inneren Stern, wie wir selbst Sterne sind in eigener Bahn. Ja, wir sind Hexen, weil wir Menschen sind, Hexen, weil wir Menschen werden wollen.

Inhalt

Einführung

»Wir sind Hexen«, beginnt das Credo eines von uns – aber darf man so etwas überhaupt sagen? Heute, am Beginn des dritten Jahrtausends, inmitten von Hochhäusern und automobilen Blechlawinen? Im Zeitalter der Atomwaffen und der Elektronik, der Raumfahrt und der Gentechnologie? Glauben an den alten Kult – eine nostalgische Rückkehr in frühere, »bessere« Zeiten, die Sehnsucht nach dem Mutterschoß der Tradition, nach dem gütigen Busen der uns liebkosenden Natur? Schwärmerei bloß, wirklichkeitsfremd?
Gewiß, all dies kann der Hexenkult auch sein und ist es bisweilen tatsächlich. Und doch gibt es seit Jahrtausenden Menschen, die, wie Hamlet es ausdrückt, zwischen Himmel und Erde mehr erkennen, als sich mit unserer Schulweisheit erträumen läßt. Das magische Weltbild ist weitaus älter als das naturwissenschaftliche, wie wir Europäer es heute begreifen. Hinter der Magie der Hexen steht mehr als nur der Selbstbetrug verwirrter, leichtgläubiger Geister. Das Ziel des Hexen-

kults, den wir hier praktisch und theoretisch vorstellen möchten, ist es, Transzendenz und Macht zu erlangen. Beide Begriffe (sie werden sehr oft falsch verstanden!) sollen noch ausführlich erläutert werden. Unsere Realität ist nicht so vordergründig, wie es uns der vorherrschende Materialismus weismachen will. Unsere Zauber funktionieren – und unsere alten Götter sind noch lange nicht tot! Wir Hexen erleben dies Tag für Tag – auch in Hochhäusern und auf betonierten Parkplätzen, wenngleich wir die Natur hochschätzen und sie gewiß mehr achten als die Vertreter jener zerstörerischen Technokratie und Forschrittsgläubigkeit, die unsere Umwelt binnen kürzester Zeit zu einer giftigen Müllhalde gemacht haben. Wir suchen – und finden – ihre Mysterien, wir wollen ihre Kräfte ergründen und schöpferisch, konstruktiv mit ihnen umgehen. Sie sollen dem Leben dienen und nicht der Vernichtung, der Freude und nicht der Frustration, denn sie sind es, die uns hervorgebracht haben und uns am Leben erhalten. Das pulsierende Strömen der Kräfte, die Offenbarung der Großen Göttin und des Großen Gottes, das Erlebnis der Gemeinschaft im Coven (dem »Hexenzirkel«) – all dies und noch mehr macht den Hexenkult aus.

Unsere Zauber funktionieren – und unsere alten Götter sind noch lange nicht tot!

Wir schreiben hier nieder, was uns bewegt und was wir praktizieren. Der Hexenkult ist sehr vielseitig. Jede Hexe lebt im Grunde ihre ureigene Version dieser Weltanschauung und Philosophie. Für die eine ist der Kult eine Religion, für die andere eine Zaubertechnik. Einzelgänger arbeiten neben Gruppen, Gruppen arbeiten mit anderen zusammen oder kapseln sich von allen Außenseitern ab.

Es gibt feministische Hexen, die nur den Weg der Göttin gehen; andere wiederum verehren beide gleichrangig, den Gehörnten und die Göttin. Viele von uns arbeiten nackt, vorzugsweise im Freien, andere dagegen bekleidet, häufig in Wohnungen und Häusern, denen man das von außen nicht ansehen würde. Manche verzichten sogar auf jeden Ritus und selbst die Götter sind ihnen vergleichsweise gleichgültig. Sie gehen allein den Weg der Zaubermacht. Wir wollen hier nicht richten, wen wir »schon« oder »noch« zu den Unsrigen zählen, wen wir als »echte Hexe« bezeichnen sollen und wen nicht.

Der Hexenkult macht frei, jeder ist sein eigener Priester, seine eigene Priesterin

Der Hexenkult macht frei, der individuelle Mensch steht im Vordergrund, jeder ist sein eigener Priester, seine eigene Priesterin. Unsere Hierarchien sind sanft und dienen oft nur der besseren Koordinierung von Gruppenaktivitäten. Manche Hohepriesterinnen und Hohepriester freilich führen ein strengeres Regiment. Doch niemals wird ein Teilnehmer gezwungen, etwas zu tun, was seinem wahren Willen widerstrebt. Wer mit der Linie eines Coven nicht einverstanden ist, scheidet aus der Gruppe aus und macht seine eigene auf. Die Kraft strömt weiter und beseelt immer mehr und immer neue Menschen, die Vielfalt blüht. Wir kennen keine Päpste und keine Gurus, und wenn wir Anführern folgen, so geschieht dies immer freiwillig. Dennoch achten wir unsere Lehrer. Manchmal benennen wir uns sogar nach ihnen, doch auch dies ist keine unumstößliche Regel. Es gibt ökologisch orientierte Hexengruppen, die mit ihrer Magie dazu beitragen wollen, daß unsere Mutter Erde von den Krankheiten geheilt wird, mit denen der Mensch sie in seinem dummen

Allmachtswahn infiziert hat. Manche von uns sind offen politisch engagiert, andere ziehen die Arbeit in der Stille ihres Heims und in der Verschwiegenheit des Coven vor. Es gibt Hexen und es gibt Heiden. (»Neuheiden« nennt sie der Religionswissenschaftler.) Heiden verehren die alten Götter und pflegen vor allem die Mystik, doch fast nie üben sie Zauber aus und betreiben die Magie der Naturkräfte. Wer Heide ist, muß noch lange keine Hexe sein. Die meisten Hexen jedoch sind zugleich Heiden. Es gibt auch Mystiker unter den Hexen, tiefreligiöse Menschen, für die Magie eher nebensächlich ist. Und doch verfügen sie über magisches Wissen und magische Erfahrung – denn Hexe sein heißt immer auch, den Weg der *Tat* zu beschreiten. Die wenigsten von uns interessieren sich sonderlich für hochtrabende philosophische Systeme. Wir nutzen zwar unseren Intellekt, wo dies angezeigt scheint, aber wir achten immer darauf, daß er eher Diener, denn Herr bleibt.

Wir genießen das Leben und feiern es

Wir lieben den Körper und die Sinnesfreuden. In kaum einem anderen Kult sieht man so viele fröhliche Gesichter wie in dem unseren. Wir genießen das Leben und feiern es – im Ritual, mit der Gruppe, allein, in der Natur, aber auch in den Städten. Wir gehen meist ehrbaren bürgerlichen Berufen nach, nur selten wird man uns erkennen. Unter uns sind Menschen aller Bildungs-, Alters- und Einkommensschichten: vom Schüler bis zum Rentner, vom Arbeiter bis zum Hochschulprofessor, vom Handwerker bis zum Arzt, vom Kraftfahrer bis zum Staatsanwalt. Männer, Frauen und Kinder findet man in unseren Reihen, alt und jung, reich und arm.

Wenn einige von uns christenfeindlich wirken, so hat das seine guten Gründe: Abgesehen von der Körperfeindlichkeit, mit der das Christentum unsere frühe Kultur zerstörte, wurden wir im Mittelalter zu Hunderttausenden als Opfer der »heiligen« Inquisition gefoltert, gepeinigt, verstümmelt, verbrannt. Man ging mit uns um, wie man später mit den Ureinwohnern Amerikas und Australiens, Afrikas und Asiens umging. Demütigung, Marter und Tod standen auf dem Banner unserer kirchlichen Widersacher, nur eine tote Hexe war eine gute Hexe für sie. Solche Wunden heilen nur langsam.

Die Scheiterhaufen von früher glimmen noch

Und die Scheiterhaufen von früher glimmen noch, sie sind keineswegs erloschen. Heute treibt man uns zwar nicht mehr mit Peitschenhieben über Marktplätze und Äcker, zwingt uns zwar nicht mehr die schmerzlichen Liebkosungen der Daumenschrauben und der eisernen Jungfrauen, der Streckbänke und der Nagelzangen auf – aber die Verfolgung ist nach wie vor im Gange, auch wenn sie sich »zivilisierter« gibt. Nur wenige von uns können es sich erlauben, offen zu ihrer Zugehörigkeit zum Kult zu stehen. Das wissen sensationsgierige Medien und bigotte Spießbürger gründlich zu verhindern. Immer wieder wird zur Pressetreibjagd auf »Satanisten« und »Sexkulte«, auf »Schwarzmagier« und »Teufelsanbeter« geblasen – und immer sind auch wir damit gemeint, wirft man uns Hexen bedenkenlos in einen Topf mit allem, was der kirchlich beherrschten Mehrheit mißfällt. Diese Hetze gegen Andersdenkende bewirkt, daß die meisten von uns um ihre Existenz fürchten müssen – weshalb auch wir, die Autorinnen und Autoren dieses Buchs, anonym bleiben wollen. Man

stelle sich nur einmal vor, in was für eine schwierige Situation beispielsweise ein Richter oder ein Chefarzt käme, wenn bekannt würde, daß er dem Hexenkult angehört! Aber auch in kleinen, dörflichen Gemeinschaften wacht das Auge reaktionärer »Sittenwächter« über alles, was nach »Andersartigkeit« aussieht. Bis zur offenen Verfolgung ist es dann nur ein kleiner Schritt. Das sind keine vagen Befürchtungen. Die Praxis hat jene von uns leider immer wieder auf schmerzliche Weise eines Besseren belehrt, die glaubten, man könne auf die angebliche »Toleranz« unserer Gesellschaft vertrauen!
Dort, wo sich früher unsere heiligen Kultstätten befanden, stehen heute meistens Kirchen. Man hat uns unserer kulturellen, religiösen und weltanschaulichen Wurzeln beraubt, aus unseren Göttern machte man Teufel und Dämonen. Zerrbilder unseres Glaubens wurden als Verirrungen abwegiger Geister verhöhnt. Eine Wiedergutmachung für verfolgte Hexen hat es nie gegeben, ja nicht einmal distanzieren mochten sich die Kirchen von ihren Ausschreitungen, nur halbherzige Worte der Entschuldigung sind bisher gefallen. Und da der Schoß immer noch fruchtbar ist, aus dem all dies kroch, nimmt es nicht wunder, daß wir uns tarnen und uns nur jenen offenbaren, denen wir vertrauen dürfen, für die Verrat ein Fremdwort ist.

Wo sich früher unsere heiligen Kultstätten befanden, stehen heute meistens Kirchen

Dennoch sind wir nicht wirklich anti-christlich, denn Kirche und Christentum sind nicht dasselbe. Unser Kult predigt und lebt Toleranz und kennt weder Missionierung noch Kreuzzüge oder heilige Kriege gegen Andersdenkende. Jeder Christ, der guten Willens ist, ist uns Hexen willkommen. Aber gilt das auch umgekehrt?

Wir sind zwar meistens unsichtbar – und doch gibt es uns, und zwar in immer größerer Zahl. Man hat uns nicht ausrotten können, und wir hoffen auf den Tag, an dem wir offen unserer neuen alten Religion nachgehen können, an dem man unsere Riten endlich wieder respektiert und uns wirken läßt zugunsten einer Befreiung des Menschen von den Ketten seiner eigenen Ignoranz, zugunsten einer Heilung der Erde, auf dem Weg zur neuerlichen Einswerdung von Mensch und Kosmos. Vieles von dem, was nun folgt, entspringt unserer eigenen, persönlichen Praxis. So vielseitig wie der ganze Hexenkult ist, so unterschiedlich sind auch die Praktiken verschiedener Hexen im einzelnen. Wir kennen keine Dogmen und haben deshalb versucht, gewissermaßen den »kleinsten gemeinsamen Nenner« des Hexenkults zu beschreiben und praktische Anregungen zu geben, die sich mit den Erfahrungen sehr vieler Hexen decken. Dieses Buch wendet sich in erster Linie an Nichthexen und an Menschen, die vielleicht einmal Hexen werden wollen. Denen, die bereits im Hexenkult engagiert sind, wird es wahrscheinlich nur wenig Neues bieten. Auf jeden Fall aber gibt es einen sicherlich nützlichen Überblick, der unseres Wissens nach bislang in der Literatur nicht zu finden war. Im Anhang finden sich Interviews mit Hexen, die sich zu verschiedenen Aspekten des Kults äußern – durchaus auch kritisch, und das ist gut so, denn es zeigt, wie offen wir unter uns reden und wie sehr wir darauf achten, nicht betriebsblind zu werden und uns selbst in die unfruchtbare Isolation zu verirren. Bitte beachten Sie auch, daß wir hier nur in *unserem eigenen Namen* sprechen und

So vielseitig wie der ganze Hexenkult ist, so unterschiedlich sind auch die Praktiken verschiedener Hexen

nicht etwa als Vertreter *aller* Hexen dieser Welt. Sehen Sie es nicht als Widerspruch an, wenn die eine oder andere Hexe etwas anders arbeitet, andere Schwerpunkte setzt oder in ihrer Praxis sogar radikal von der unseren abweicht. Gerade diese Vielfalt macht den Hexenkult so bunt und interessant, und diese Vielfalt im Dienste der Götter war es auch, die dafür sorgte, daß man uns trotz aller Bemühungen nicht gänzlich ausrotten konnte, denn wo die Einheitlichkeit dem Individuellen untergeordnet wird, läßt sich der Gegner nur schwer fassen. Der Hexenkult ist in der Tat recht anarchisch in dem Sinne, daß es keine zentrale Autorität und Hierarchie gibt, die eindeutige Leitlinien festlegen und allgemeingültige Anweisungen geben könnte.
Und nun wollen wir Sie in der lebendigen, schillernden, faszinierenden Welt der Hexen willkommen heißen und sie Ihnen möglichst praxisnah zeigen, so daß Sie jederzeit daran teilhaben können, wenn Sie wollen.

Wir sind Hexen,
denn wir sind
Menschen –
Herren über
Leben und Tod.

1. Kapitel

Zur Geschichte des Hexenkults

Zur Geschichte des Hexenkults

Die Schamanen des Abendlandes

Über die genaue Geschichte des Hexenkults herrscht wenig Einigkeit, auch unter den Hexen selbst nicht. Das hat viele Gründe. Zum einen stammen die meisten Zeugnisse über Hexen aus der Feder ihrer Gegner, von den Inquisitoren, aus den Protokollen der Hexenprozesse und so weiter. Zum anderen waren Hexen – ob sie sich selbst nun als Angehörige eines Kults begriffen oder nicht – meist arme, gewöhnliche Menschen ohne eigene Buchkultur. Vergessen wir nicht, daß Lesen und Schreiben lange Zeit ein Privileg der herrschenden und begüterten Klassen und des Klerus war. Ferner haben Jahrhunderte der Verfolgung und Ausrottung so manche Spur verdeckt oder völlig zerstört. Auch das Schweigegebot, das viele Hexen, vor allem jene, die einem Coven angehören, sehr ernst nehmen, hat nicht eben dazu beigetragen, Licht in das Dunkel zu bringen. Und schließlich mag manches zum Hexenkult zu zählen sein, was im Laufe der Zeit unter einem anderen Namen bekannt wurde, zum Beispiel der Schamanismus.

Viele Hexen glauben, daß es sich bei ihrem Kult um die Überreste einer Ur-Religion handelt, die weitaus älter ist als Christentum, Buddhismus, Hinduismus und alle anderen Weltreligionen, und die bis in die Steinzeit zurückreicht. Manche von ihnen führen ihre Tradition auf die megalithischen Kulturen zurück, andere sehen ihren Ursprung im Schamanentum, das nachweislich seit mindestens 60 000 Jahren existiert. Im Geheimen soll diese Religion trotz Unterdrückung und Verfolgung bis in unsere Zeit überlebt haben.

Über die genaue Geschichte des Hexenkults herrscht wenig Einigkeit

Was meint der profane Geschichtswissenschaftler dazu? Nun, auch unter Historikern gibt es keine einheitliche Meinung. Keine geringere als die vielfach ausgezeichnete englische Ägyptologin und Anthropologin Margaret Murray (1863 – 1963) machte sich bei den Geschichtswissenschaftlern unbeliebt, als sie 1921 in einem Buch (*The Witch Cult in Western Europe,* »Der Hexenkult in Westeuropa«) die These vertrat, beim Hexenkult handle es sich um eine organisierte, vorchristliche Religion Europas. Sie sprach auch vom »Kult der Diana« und erregte sehr viel Aufsehen damit. Ihre Thesen fanden sogar Eingang in die *Encyclopedia Britannica* von 1921.

Aus späteren Ausgaben dieses Lexikons wurde ihr Beitrag jedoch wieder entfernt, wohl weil er als zu unorthodox galt. Der überwiegende Teil der akademischen Fachwelt lehnte Murrays Arbeit radikal ab.

Sie konterte damit, daß sie 1933 ein zweites Buch über Hexen herausbrachte, *The God of the Witches* (»Der Gott der Hexen«), das allerdings erst nach dem Zweiten Weltkrieg größere Beachtung fand. Und schließlich erschien 1954 das wohl am meisten umstrittene Werk von allen, *The Divine King in England* (»Der Göttliche König in England«). In diesem Buch behauptete sie, daß viele frühe englische Könige durch Ritualmord starben und daß das Königtum auf dem Menschenopfer des Heiligen Königs beruhte, wie es viele sogenannte Primitivreligionen kennen.

Auch wenn Margaret Murray diejenige war, die das große Interesse am Hexenkult erst richtig entfachte, war sie keineswegs die erste, die zu der Überzeugung gelangte, daß es sich beim Hexenkult um die Alte Religion handelt. Schon im Jahre 1899 veröffentlichte der amerikanische Mythenforscher und Hexer Charles Godfrey Leland (1824–1903) sein berühmtes Werk *Aradia, or the Gospel of the Witches* (»Aradia oder das Hexenevangelium«).

Leland ist der erste, dem wir Hexen die Anerkennung unserer Religion verdanken

Im Gegensatz zu Margaret Murray wissen wir von ihm, daß er in die Alte Religion eingeweiht wurde, und zwar in Italien. *Aradia* ist eine Sammlung italienischer Hexentexte, die Leland mitgeteilt beziehungsweise übergeben wurden, und noch heute zehren viele Mitglieder des Hexenkults von der wunderschönen, ritualwirksamen Poesie dieses Werkes.

Bereits zwei Jahre vor Leland, also 1897, veröffentlichte der deutsch-polnische Literat und Okkultist Stanislaw Przybyszewski seine Aufsatzreihe *Synagoge des Satans*, in der er, mit einigen Abweichungen, ähnliche Thesen über den Ursprung des Hexenkults als europäische Ur-Religion vertrat, ihn allerdings mit dem Satanismus gleichsetzte. Auf diese häufig zu findende Gleichsetzung werden wir später noch ausführlicher eingehen.

Sowohl Leland als auch Murray sahen im Hexenkult einen Nachfahren des Kultes, der sich um die Mondgöttin Diana rankte, und viele heutige Hexen, besonders die eher feministisch ausgerichteten, sind ebenfalls dieser Ansicht.

Auch diese Auffassung ist bereits älter: In seiner Studie über den mitternächtlichen Hexensabbat aus dem Jahre 1749 schreibt Girolamo Tartarotti, daß der dianische Kult und zeitgenössische Hexerei nachweislich eins seien.

Fruchtbarkeitszauber spielten in einer Jäger- und Sammlergesellschaft eine sehr wichtige Rolle

Leland ist der erste, dem wir Hexen die Anerkennung unserer Religion verdanken. Er verzichtete auf die üblichen Klischees und abweisenden Bemerkungen, von denen Tartarotti und Przybyszewski noch nicht frei sind, und nahm unser Tun ernst. Zusammen mit Margaret Murray kommt ihm das Verdienst zu, den Hexenkult »salonfähig« und breiteren Bevölkerungsschichten bekannt gemacht zu haben. Mittlerweile hat es aber noch sehr viele weitere akademische Studien gegeben, die sich mit den unterschiedlichen Erscheinungsformen des Hexenkults und seinen Ursprüngen – auch den urzeitlichen – befassen.

Die Dokumente, die für ein sehr frühes Auftreten des Hexenwesens sprechen, sind zahlreich, auch wenn wir bei ihrer Deutung häufig auf Vermutungen angewiesen sind. Vielen Hexen genügt das bloße Behaupten eines urzeitlichen Ursprungs, aber damit wollen wir uns nicht zufrieden geben. Wir werden hier etwas gründlicher vorgehen und Pro und Kontra deutlicher gegeneinander abwägen, als dies sonst in der Hexenliteratur üblich ist.

Die vielleicht älteste Darstellung einer Hexe stammt aus dem Paläolithikum und findet sich im heutigen Algerien. Das Felsbild zeigt eine Frau mit zur Anrufung ausgebreiteten Armen. Vor ihr kauert ein Mann mit gespanntem Bogen und schußbereiten Pfeil. Er zielt gerade auf einen straußähnlichen Vogel, der zusammen mit anderen Wildtieren vor ihm herläuft. Von den Geschlechtsteilen der Frau verläuft eine Kraftlinie zu den Genitalien des Mannes, und es scheint offensichtlich, daß sie ihn mit einem Zauber bei der Jagd unterstützt. Zudem ist sie größer dargestellt als der Mann und mit Amuletten behängt, was ihre Bedeutung unterstreicht. Aus der Steinzeit stammt ein Felsbild im französischen Ariège. Dort findet sich in der Höhle *Trois Frères* die Darstellung eines Zauberers: eine tanzende Gestalt, halb Mensch, halb Tier.

Er trägt ein Geweih, und wir Hexen sehen darin ein Abbild des Gehörnten Gottes. Übrigens erkannte Margaret Murray, daß das Erscheinen des »Teufels« beim ominösen Hexensabbat, wie er von der Inquisition immer wieder beschrieben wurde, in Wirklichkeit

Der gehörnte Zauberer aus der Höhle Trois Frères, in Ariège, Frankreich

Frauen, die beim Hexenritual im Kreis um einen nackten Mann tanzen (Cogal, Lérida, Spanien)

das Auftreten des Gehörnten Gottes war, der im Ritual durch einen Mann mit Geweihmaske dargestellt wurde. Das gab ihr den entscheidenden Anstoß zur Erforschung des Hexenkults. Ein steinzeitliches Felsbild im Felsüberhang von Cogal, Lérida, Spanien zeigt Frauen, die beim Hexenritual im Kreis um einen nackten Mann tanzen.

Die urzeitlichen Felsbildnisse beweisen, wie stark das Leben des damaligen Menschen von Kult und Magie geprägt war. Fruchtbarkeitszauber spielten in einer Jäger- und Sammlergesellschaft eine sehr wichtige Rolle, und der Fruchtbarkeit und dem Schutz vor Naturkatastrophen diente auch der Dienst an den Alten Göttern. Interessante Parallelen zu den hier geschilderten Darstellungen finden sich auch im präkolumbianischen *Codex Fejervary-Meyer* aus Mexiko. Er enthält das Bild einer nackten Hexe mit Spitzhut, die auf einem Besenstiel reitet. Die Welt der Gelehrten hat noch immer keine Erklärung für diese erstaunliche Entsprechung zu europäischen Abbildungen von der Hexe beim »Flug auf dem Besenstiel«.

Venus von Willendorf

Weibliche und männliche Elemente im Hexenkult

In der letzten Eiszeit tauchen zahlreiche Statuetten auf, die üppig geformte, oft schwangere Frauen zeigen, und auf vielen Felsreliefs sind ähnliche Darstellungen zu finden. Man denke etwa an die berühmte »Venus von Willendorf« oder an die »Venus von Laussel« mit ihrem Rinderhorn. Auch die profanen, also nicht dem Hexenkult nahestehenden Historiker und Anthropologen haben aus dem starken Überwiegen weiblicher Figuren gegenüber männlicher Gestalten auf einen matriarchalischen Kult geschlossen, bei dem das weibliche Element eine deutlich größere Bedeutung hatte als das männliche. (Ähnliche Überlegungen finden sich beispielsweise auch innerhalb der modernen Frauenbewegung.) Erst sehr viel später, vor allem mit dem Aufkommen der jüdisch-christlichen Tradition, sollen patriarchalische, männlichkeitsorientierte Vorstellungen den Mutter- und Göttinnenkult abgelöst haben.

Bei genauerer Untersuchung zeigt sich denn auch, daß es sowohl mit dem männlichen Geschlecht als auch mit dem monotheistischen Ausschließlichkeitsanspruch beispielsweise des biblischen Gottes gar nicht so weit her ist. Das Buch *Genesis* bezeichnet den Schöpfergott als ELOHIM. Al (El) ist die hebräische Wurzel für »das Göttliche, von Gott kommend«, doch handelt es sich bei ELOHIM um eine *weibliche Pluralform!* Es deutet also vieles darauf hin, daß die Gottheit ursprünglich als zweigeschlechtlich (auch »androgyn« genannt) angesehen wurde. Aus alten Überlieferungen wissen wir auch, daß die Anhänger des syrischen Baal-Kults ihren Gott mit den Worten anzurufen pflegten: »Erhöre uns, Baal! Ob du Gott seiest oder Göttin!« Androgyne Gottheiten gibt es auf der ganzen Welt. Mithras wurde gelegentlich als zweigeschlechtlich bezeichnet, ebenso der griechische Hermes beziehungsweise der römische Merkur. Das gleiche gilt für Dionysos, der auch die Bezeichnung *Diphues* trug,

Die Gottheit wurde ursprünglich als zweigeschlechtlich angesehen

Venus von Laussel

was »zweigeschlechtlich« bedeutet. Sowohl Venus als auch Astarte wurden nicht nur in weiblicher Form verehrt, sondern gelegentlich auch in mannweiblicher, bärtiger Form.

Die Vorstellung einer zweigeschlechtlichen Schöpfergottheit ist also uralt. In Lelands *Aradia* freilich wird vor allem die Rolle der Göttin als ursprüngliches Wesen vor der Schöpfung betont: »Diana wurde erschaffen vor aller Schöpfung; in ihr waren alle Dinge; aus sich selbst heraus, aus der ersten Finsternis, teilte sie sich; in Finsternis und Licht wurde sie geteilt. Luzifer, ihr Bruder und Sohn, sie selbst und ihre andere Hälfte, war das Licht.«

> Der Hexenkult muß stets aufs neue durch die unmittelbare, persönliche Praxis belebt werden

Wie immer, wenn es um die Geschichte des Hexenkults geht, gibt es auch in diesem Punkt keine eindeutige Klarheit, nicht einmal unter uns Hexen selbst. Allein die Tatsache, daß sich Darstellungen des Gehörnten Gottes und der Großen Göttin, wie wir sie verstehen, bereits in grauer Vorzeit finden, ist natürlich noch kein wirklicher Beweis für das hohe Alter unserer Religion. Und es ist auch kein Geheimnis, daß sich ein Großteil des heutigen Hexenkults erst entwickelt hat, nachdem die Wicca-Bewegung lange nach dem Zweiten Weltkrieg in England begründet wurde. Doch letzten Endes sind alle Hexen der Meinung, daß sich der Wert eines Rituals oder gar eines ganzen Kults nicht nur an seinem – echten oder vermeintlichen – hohen Alter messen läßt. So uralt der Hexenkult höchstwahrscheinlich auch sein mag, er muß stets aufs neue durch die unmittelbare, persönliche Praxis belebt werden. Skeptikern sei gesagt, daß es nie wirklichen Stillstand geben kann und daß man auch dem Hexenkult eine

Weiterentwicklung zugestehen muß. In der Tat ist die Frage nach der historischen »Wahrheit« im akademischen Sinne für jede echte Hexe völlig unerheblich. Was für uns vielmehr zählt, ist die magische, die mythische Wahrheit – ein Begriff, auf den wir im übernächsten Kapitel noch näher eingehen werden.

Der Hexenkult als Erbe des Schamanismus

Viele Hexen sehen im Schamanismus den Vorläufer des heutigen Hexenkults. Darunter verstehen wir freilich nicht nur den Schamanismus Sibiriens, wie dies lange Zeit in der Ethnologie der Fall war. In den letzten Jahrzehnten hat es einige Bemühungen gegeben, den Begriff Schamanismus etwas weiter zu fassen, und wir Hexen sind damit sehr einverstanden.

Charakteristisch für den Schamanismus ist vor allem der magische Umgang mit der Natur und ihren offenbaren und verborgenen Kräften. Die Energien von Tieren, Pflanzen und Steinen spielen im Hexenkult eine große Rolle und natürlich auch die Alten Götter und die Zauberei. Der Schamanismus trägt oft stark religiöse Züge, doch ist ihm jede hierarchische Institutionalisierung fremd. Er kennt weder Kirchen noch Päpste und ist ebenso regionalistisch wie unser Hexenkult. Auch viele technische Übereinstimmungen lassen sich beobachten: Sowohl Schamanen als auch Hexen arbeiten mit Geistern und Geistreisen, sagen mittels Kristallen die Zukunft voraus, tanzen beim Ritual, um Energiekegel zu erzeugen, führen magische Fernbeeinflussungen zum Heil wie zum Schaden durch, verhängen

Wetterzauber und so weiter. In der Tat erfüllten weibliche und männliche Hexen des Mittelalters dieselben Funktionen, die Schamanen und Schamaninnen bei Naturvölkern zum Teil noch heute erfüllen: Sie werden als Zauberkundige um Rat angegangen und ihre Dienste werden in Anspruch genommen, wenn es beispielsweise um die Verhängung von Liebeszaubern, die Ladung von Amuletten und ähnliches geht. In ihrer Funktion als Heiler oder Heilerinnen wählen sie die passenden Heilkräuter aus oder bewirken Heilungen durch Rituale und volksmedizinische Mittel. In der Rolle des Psychiaters behandeln sie seelische Störungen und kümmern sich um die Wiederherstellung des geistigen Gleichgewichts, was oft in Form von Exorzismen geschieht. Der Schamane begibt sich, häufig unter Zuhilfenahme von Trancetechniken und heiligen Drogen, auf Geistreisen in die Ober-, Mittel- oder Unterwelt. Auch die Hexe unternimmt in Trance Astralreisen an andere Orte (zum Beispiel auf den mystischen Blocksberg). Dabei bedient sie sich ebenfalls trancefördernder Praktiken, gelegentlich auch der berüchtigten Flugsalbe.

Die Unterschiede zwischen Schamanismus und Hexentum sind überwiegend geschichtlich zu erklären

Die *Unterschiede* zwischen Schamanismus und Hexentum sind überwiegend geschichtlich zu erklären. Wir müssen uns vor Augen halten, daß der Schamane fast immer in einer Stammesgesellschaft lebt, in der er eine anerkannte und geachtete Rolle spielt. Durch seine Zauber hilft er der Gemeinschaft beim Aufspüren des für ihr Überleben wichtigen Wilds, sorgt für Regen und unterstützt die Krieger beim Kampf. Deshalb hat es niemals Schamanenverfolgungen gegeben (außer durch die Missionare anderer Völker und Religionen).

Darüber hinaus war und ist der Schamane in völligem Einklang mit den religiösen Vorstellungen seiner Stammesgenossen. Aus diesem Grunde konnte er stets auch die Funktion des Priesters übernehmen. Auch im Schamanismus ist ein leichtes Übergewicht weiblicher Aktivität zu beobachten. Es gibt noch heute mehr Schamaninnen als Schamanen, und doch gelten Mann und Frau als gleichberechtigt. Sogar die Gottheiten der Schamanen weisen häufig starke Ähnlichkeiten mit denen des Hexenkults auf. Muttergottheiten und gehörnte Götter sind im Schamanismus keine Seltenheit.

Muttergottheiten und gehörnte Götter sind im Schamanismus keine Seltenheit

Die Hexe des Abendlandes sah sich dagegen schon früh in den Untergrund gedrängt, nämlich mit der Ausbreitung des Christentums. Zwar setzte die Inquisition und damit die eigentliche Hexenverfolgung erst einige Jahrhunderte nach der Bekehrung Europas zum Christentum ein, doch der Kampf gegen das Heidentum wurde schon von Anfang an geführt, also lange vor dem zehnten Jahrhundert. Die Anhänger der Alten Religion mußten mehr oder weniger hilflos zusehen, wie ihre Kultstätten von Kirchen überbaut wurden, und oft blieb ihnen nichts anderes übrig, als sich zum Schein zum Christentum bekehren zu lassen, um diese Kultstätten weiterhin aufsuchen zu können. Es ist also nicht verwunderlich, daß das Hexentum des Mittelalters deutlich christliche Züge trägt. Vergleichbares läßt sich in Mittel- und Lateinamerika beobachten, wo das Christentum nach der Zwangsmissionierung der einheimischen Bevölkerung zwar notgedrungen angenommen, dafür aber mit altheidnischen Elementen »unterminiert« wurde. Auch beim Voodoo Haitis handelt es sich, wie bei vielen afrokaribischen Kulten, um eine Mischform aus afrikanisch-heidnischen und europäisch-christlichen Elementen. Weil sie schon bald nur noch im Verborgenen arbeiten konnte, verlor die Hexe ihre Rolle als Priester oder Priesterin für die gesamte Gemeinschaft. Einzelne – oft auch zahlreiche – Mitglieder dieser Gemeinschaft nahmen ihre Dienste zwar weiterhin in Anspruch, doch geschah all dies nur unter äußerster Geheimhaltung und bedeutete eine nicht geringe Gefahr für Leib und Leben aller Beteiligten. Noch heute gibt es beispielsweise im Allgäu, in der Lüneburger Heide und in den Schweizer Alpen Gegenden, wo die alteingesessenen Dorfbewohner es vorziehen, bei Erkrankungen *zuerst* den Heiler oder die »Weise Frau« aufzusuchen, bevor sie zu einem Schulmediziner gehen. Welcher Landbewohner kennt nicht irgendeinen Menschen in seiner Umgebung, der dafür bekannt ist, daß er »Warzen besprechen« kann oder das »Zweite Gesicht« besitzt? Allerdings würden sich diese Leute nur in den seltensten Fällen als »Hexen« oder gar als »Anhänger des Hexenkults« bezeichnen. Oft sind es gläubige Christen und politisch unauffällige, also »ganz normale« Mitglieder der Gemeinschaft, die sich von den anderen lediglich durch ihre etwas ungewöhnlichen Fähigkeiten und Kenntnisse unterscheiden (und die deswegen nicht selten insgeheim oder offen von diesen anderen gefürchtet werden). Immerhin: Einer Unesco-Studie vom Anfang der sechziger Jahre zufolge war die damalige Bundesrepublik Deutschland das Land mit der weltweit prozentual höchsten Anzahl an behördlich registrierten Anzeigen wegen Hexerei!

Weil sie nur noch im Verborgenen arbeiten konnte, verlor die Hexe ihre Rolle als Priesterin für die gesamte Gemeinschaft

Interessant ist sicherlich auch dies: Es gibt einige Indizien dafür, daß sowohl die Gnostiker als auch die Templer Elemente des Hexenkults kannten. Zum Beispiel soll der gnostisch-templerische Baphomet eine Darstellung des Gehörnten gewesen sein.

Die Verfolgung der Frau hat den Hexenkult stark geprägt. Wie archäologische Funde beweisen, wurde sie in urgeschichtlicher Zeit als Mutter und Zauberin verehrt, wegen ihrer Fruchtbarkeit als Erhalterin der Art anerkannt und wegen ihrer – im Vergleich zum Mann – schier unerschöpflichen sexuellen Leistungsfähigkeit bewundert. Genau dies erzeugte umgekehrt aber auch die Angst vor der Frau als Hexe. Daraus leitet sich – leider völlig logisch – auch ihre spätere Unterdrückung durch den Mann ab, etwas, das wir bereits bei der »Vermännlichung« der Urgottheiten gesehen haben. Die christliche Dreifaltigkeit kennt zwar Gott den Vater und Gott den Sohn, doch Gott die Mutter oder Gott die Tochter sind nicht vorgesehen. Wie groß das dadurch erzeugte Manko ist, zeigt die enorme Bedeutung, die der Marienkult in der katholischen Kirche schon bald gewann. Das ging manchmal sogar so weit, daß die Marienverehrung von der Kirche gewaltsam gezügelt wurde. Wie anders wir Hexen mit diesem Aspekt der Natur und des Göttlichen umgehen, werden wir im dritten Kapitel dieses Buchs schildern.

Die Verfolgung der Frau hat den Hexenkult stark geprägt

Ein Problem bei der zeitlichen Einordnung des Hexentums, auch für uns Hexen, ist die noch ungeklärte Rolle, welche die mündliche Überlieferung gespielt hat. Es gibt zahlreiche Familien, in denen Hexenwissen vererbt wird, und niemand weiß wirklich, wie »alt« oder gar »ursprünglich« dieses Wissen ist. Im nächsten Abschnitt wollen wir uns mit einem der wichtigsten Aspekte des heutigen Hexenkults beschäftigen, der dies noch deutlicher machen wird.

Der Hexenkult heute – Wicca

Im Jahre 1949 erschien in England der Roman *High Magic's Aid* (»Die Hilfe Hoher Magie«) von Gerald Brosseau Gardner. Mit diesem und späteren Werken über den Hexenkult löste er reges Interesse aus, und als 1951 der englische *Witchcraft Act* abgeschafft wurde, der einige hundert Jahre lang jede Betätigung als Hexe unter Todesstrafe gestellt hatte, konnte die neue (oder neu entdeckte) Bewegung, die sich *Wicca* nannte, aufblühen.

Gerald Brosseau Gardner

Das Wort *Wicca* leitet sich ab vom altenglischen *wiccian*, »hexen«; *wicca* bedeutet »männliche Hexe«, *wicce* dagegen »weibliche Hexe«, die Pluralform lautet *wiccan*. Wir Hexen benutzen das Wort *Wicca* heute für alle drei Formen und übersetzen es mit »weise«. (Schon immer waren die »Weisen Frauen« und »Weisen Männer« Hexen in unserem Sinne.)

Das deutsche Wort »Hexe« stammt dagegen vom althochdeutschen *hagzissa* beziehungsweise *hagazussa* ab und bedeutet soviel wie »die auf dem Zaun (zwischen den Welten) Sitzende/Reitende«. Auch hierin wird die schamanische Rolle der Hexe deutlich, die »zwischen den Welten«, der diesseitigen und der Anderswelt, lebt und zwischen ihnen zu vermitteln versteht.

Mit *Witchcraft Today* (»Der Hexenkult heute«), das er im Jahre 1954 veröffentlichte, ging Gardner über die Andeutungen in seinem erwähnten Roman hinaus, und 1959 folgte *The Meaning of Witchcraft* (»Die Bedeutung des Hexenkults«). In den sechziger Jahren publizierten dann auch Schülerinnen Gardners wie Doreen Valiente und Patricia Crowther eigene Werke über den Kult, und mit Beginn der siebziger Jahre läßt sich von einer regelrechten Wicca-Welle sprechen, die von England ausging, um von dort auf Irland, Amerika und Australien überzuspringen, bis sie schließlich auch das europäische Festland erreichte. Gerald Gardner war im Jahre 1939 auf eine Hexengruppe im New Forest getroffen, die ihn aufgenommen und eingeweiht hatte. Auf diese Weise hatte er den Alten Kult für sich entdeckt und durch seine Veröffentlichungen des dafür freigegebenen Materials dazu beigetragen, die grundlegende Pionierarbeit Lelands und Murrays fortzusetzen und den Hexenkult einer allgemeinen Öffentlichkeit nahezubringen.

Es gibt sehr viele verschiedene Richtungen innerhalb des Wicca. An dieser Stelle soll es uns jedoch genügen, einige der wichtigsten kurz vorzustellen.

Alex Sanders, links

Aleister Crowley, rechts

Die *Gardnerians* arbeiten, wie ihr Name schon sagt, in der Tradition Gardners. Sie stellten lange Zeit die Hauptströmung innerhalb des bekannten Wicca-Kults dar.

Die *Alexandrians* arbeiten in der Tradition des englischen »Hexenkönigs« Alex Sanders (Abbildung oben links), der Ende der sechziger bis Anfang der siebziger Jahre zusammen mit seiner damaligen Frau Maxine eine eigene Richtung begründete, über Presse, Funk und Fernsehen großes Aufsehen in der Öffentlichkeit erregte, Hunderte von Einweihungen durchführte und zahlreiche Hexencoven begründete. Die Bezeichnung »Hexenkönig« steht hier deshalb in Anführungszeichen, weil sie nicht so zu verstehen ist, daß Sanders

von sämtlichen Hexen als Oberhaupt anerkannt wurde. Es handelt sich vielmehr um einen Ehrentitel, der ihm von Mitgliedern seines eigenen Coven und dessen Tochtercoven verliehen wurde.
Die Richtung des sogenannten *Seax Wicca* (altsächsisches Wicca) ist eine Neugründung durch Raymond Buckland, der sie 1974 mit seinem Buch *The Tree* (»Der Baum«) vor allem in den USA populär machte, und der die Selbstinitiation propagiert.
Es gibt noch eine ganze Reihe weiterer Hexengruppen, die sich um verschiedene herausragende Persönlichkeiten wie Arnold und Patricia Crowther, Doreen Valiente (alle drei aus der Tradition Gerald Brosseau Gardners kommend), Louis Martello (ein amerikanischer Wicca, der aus einer sizilianischen Hexenfamilie stammt) sowie Janet und Stewart Farrar (ursprünglich aus der Tradition der *Alexandrians*) und andere scharten. Die Fotos auf den Seiten 34 und 67 zeigen Janet und Stewart Farrar. Stewart Farrar verstarb im Jahre 2000.
Schließlich seien noch die sogenannten *Hereditaries* erwähnt: Hexen, die zu keiner der oben erwähnten Traditionen gehören, sondern vielmehr aus eigenen Hexenfamilien stammen und deren Überlieferungen fortsetzen.
Die Unterschiede zwischen den jeweiligen Richtungen sind nicht sonderlich groß und sollen hier nicht in allen Einzelheiten behandelt werden. Zur Gesamteinschätzung des Wicca-Kults ist allerdings zu sagen, daß viele Hexen der Meinung sind, Wicca sei der *einzige* echte Hexenkult im Sinne einer Nachfolge der Alten Religion, während andere dies ganz anders sehen.

Die enorme Vielseitigkeit des Hexenkults zeigt sich auch in den unterschiedlichen Betonungen von Einzelaspekten innerhalb der Coven oder Richtungen. So gibt es thelemitische Hexen, die sich am Gesetz von Thelema (»Tu was du willst ist das ganze Gesetz. Liebe ist das Gesetz, Liebe unter Willen«) orientieren, wie es dem englischen Magier Aleister Crowley (Abbildung Seite 32, rechts) offenbart wurde. Es gibt keltisch orientierte Hexen, die druidische Traditionen pflegen; kabbalistisch-hermetisch ausgerichtete Hexen, die sich verstärkt der alten abendländischen Geheimlehren bedienen; Chaos-Wicca, die sich an der modernen englischen Chaos-Magie orientieren, zugleich aber die alte Naturreligion praktizieren und beide miteinander verbinden, und so weiter.

Zahlreiche moderne Hexen sind davon überzeugt, daß die Verehrung des Weiblichen und der (fast) ausschließliche Umgang mit seinen Energien dem ursprünglichen Weg des Hexenkults entspricht. Der Mann spielt dabei eine untergeordnete Rolle. Oft wird er zu den rein weiblichen Coven nicht zugelassen und ebenso häufig wird der Kult des Gehörnten völlig ausgeklammert zugunsten eines alleinigen Umgangs mit der »Himmelsgöttin«. Diese sogenannten »dianischen« Hexen stellen eine nicht unbeträchtliche Minderheit innerhalb des Gesamtkults dar und finden gerade in letzter Zeit eine Menge Zuspruch. Dafür sind sicherlich nicht zuletzt zwei Entwicklungen innerhalb der Frauenbewegung mitverantwortlich: Einerseits verstand die internationale Frauenbewegung die Hexe zunehmend als Inbegriff der verfolgten, unterdrückten Frau.

Die sogenannten dianischen Hexen stellen eine nicht unbeträchtliche Minderheit innerhalb des Gesamtkults dar.

Janet und Stewart Farrar mit Gavin Bone

Andererseits haben sich viele, zunächst ausschließlich politisch engagierte Frauen spirituellen Fragen zugewandt und sie mit ihrer Frauenarbeit verbunden. Diese Frauen sehen im Hexenkult ihre geistige Heimat und gehören mittlerweile zu den aktivsten Hexen der gesamten Bewegung. Allerdings gehören nicht alle von ihnen der rein dianischen Richtung an, die auch gern von radikalen Lesbenkreisen in Anspruch genommen wird. (Parallel dazu gibt es, bisher freilich fast ausschließlich in den USA, mit den *Gay Wicca* eine Hexenbewegung für männliche Homosexuelle. Diese Richtung ist stark von den Vorstellungen des auf Seite 33 bereits erwähnten Louis Martello geprägt.)

Da unsere Szene so bunt ist, bleiben Richtungskämpfe und Reibereien natürlich nicht aus – auch dies wollen wir nicht verschweigen. Doch wo wäre das nicht so? Immerhin beweist es, daß der Hexenkult so lebendig und flexibel ist wie eh und je. Gerade diese scheinbare »Anarchie« ist vielleicht seine größte Stärke, macht sie doch unseren immer noch geifernden, allzu mächtigen Verfolgern das Leben äußerst schwer. Darüber hinaus fördert sie die Selbstkritik und bewirkt, daß die Bewegung immer neue Impulse aufnimmt, die ihrer Weiterentwicklung dienen.

Die Geschichte des Hexenkults ist allerdings noch lange nicht zu Ende. Im Gegenteil: Im Moment hat es sogar den Anschein, als hätte sie gerade erst angefangen! Täglich stoßen neue Menschen zu uns, und mit uns wächst auch die Zahl jener Außenstehenden, die allmählich zu verstehen beginnen, daß wir Hexen alles andere als finstere »Teufelsanbeter« sind, die es nur darauf abgesehen haben, Chaos und Zerstörung zu verbreiten und harmlose Christenmenschen um ihr Seelenheil bringen.

Gewiß, wir lieben das Christentum nicht, aber noch nie hat eine Hexe einen Christen wegen seiner Weltanschauung verfolgt, gemartert oder gar getötet. Und wie sieht im Vergleich die Bilanz der anderen Seite aus? Mögen die Sektenpfarrer und ihre ferngesteuerten staatlichen Marionetten noch so sehr wettern, mag die Skandalpresse sich noch so sehr bemühen, unsere Riten durch den Schmutz zu ziehen, eine Lehre erteilt uns die Betrachtung der langen Geschichte des Hexenkult doch immer wieder: Hunderte von Jahren der systematischen Ausrottung haben es nicht vermocht, dem Menschen seine religiöse und weltanschauliche Freiheit auf Dauer zu rauben.

Immer und immer wieder erkennen die Götter die Ihren und lassen sie teilhaben an ihrem Wissen, ihrer Macht und ihrer Kraft. Immer wieder führen sie dem Menschen deutlich vor Augen, was seine Aufgabe auf dieser Welt ist und wie er mit seinen Problemen umgehen kann, ohne dabei in die Humorlosigkeit starrer Dogmen zu verfallen und in jedem Andersdenkenden eine tödliche Bedrohung zu wittern.

Immer wieder erkennen die Götter die Ihren und lassen sie teilhaben an ihrem Wissen, ihrer Macht und ihrer Kraft

Nicht wir Hexen haben Abermillionen Andersdenkender auf qualvolle Weise dem Folter- und Feuertod ausgeliefert, nicht wir Hexen waren es, die den Schlachtruf des »heiligen« Dominikus im Feldzug gegen die Katharer formulierten: »Tötet sie alle! Der Herr wird die seinen schon erkennen!« Nicht wir Hexen sind verantwortlich für die

Ausblutung zahlloser Völker durch Kolonialismus und Vormachtsdenken, nicht wir haben den Rassismus und die Unterdrückung der Frau erfunden, nicht wir sind verantwortlich für Konzentrationslager, Apartheid und Sklaverei. Nicht einen Krieg gibt es, den man uns anlasten könnte (wenngleich wir nicht verhehlen wollen, daß wir im Kriegsfall häufig genug im geheimen dazu beitrugen, unserem Volk mit Zaubern zu dienen, wenn es in Not geraten war), nicht ein Kreuzzug, nicht ein Akt der Lynchjustiz.

Die Christen haben aus unseren Alten Göttern Teufel und Dämonen gemacht

Wenn wir, was in Urzeiten bisweilen geschah, unseren Erntekönig rituell töteten (ein Akt, der schon sehr bald nur noch rein symbolisch durchgeführt wurde), so war dies kein heimtückischer Mord aus dem Hinterhalt, sondern geschah stets mit dem Einverständnis dieses Erntekönigs. Sein Schicksal war ihm schon bewußt, als er – *freiwillig* – sein Amt annahm. Es war ein bewußtes Opfer für sein Volk, für die Fruchtbarkeit der Felder und der Erde, eine Gegenleistung für das Geschenk des Lebens mit all seiner Freude und all seinem Leid.

Und schon gar nicht sind wir Hexen »Satanisten«! Wenn wir zum Gehörnten Gott beten und ihn im Ritual in uns hineinrufen, so dienen wir damit nicht dem Teufel.

In Wirklichkeit haben die Christen aus unseren Alten Göttern Teufel und Dämonen gemacht. Nicht wir haben ihren Jesus von Nazareth verketzert, jenen Christus, mit dem sie unserer Meinung nach allenfalls noch den Namen gemeinsam haben, nicht wir haben ihn ans Kreuz genagelt. Nicht wir haben *ihre* Kultstätten geschändet und sie mit unseren eigenen Tempeln überbaut. Nicht wir haben ihre tiefsten religiösen Empfindungen der Lächerlichkeit preisgegeben. Wer uns »Teufelsanbeter« nennt, der muß sich fragen lassen, woher er seine unwissende Überheblichkeit nimmt, worauf seine dumme Arroganz fußt. Aus unserem Pan, unserem Gehörnten Gott, einer Gottheit, die älter ist als die gesamte Geschichte der Menschheit, machten sie – in Vergewaltigung ihrer eigenen Bibel – einen Satan, unsere Jungfrauen und Hohepriesterinnen erklärten sie zu geilen Schlampen. Und immer wieder projizierten sie ihre Ängste und ihr eigenes schlechtes Gewissen auf uns und auf alles, was wir unser nannten.

Diese sicherlich recht heftigen Bemerkungen wären nicht erforderlich, wenn nicht auch heute noch Hexen verfolgt würden – nicht etwa, weil sie Böses täten, sondern einzig und allein weil sie anders sind. Und gäbe es bei uns mittlerweile keine halbwegs »zivilisierten« Gesetze, dann würden Tausende von Verfolgern *noch immer* (und nicht *schon wieder*) nur zu gern nach ihren Zündhölzern greifen, um die Scheiterhaufen einmal mehr gen Himmel lodern zu lassen und mit ihrem Rauch zu ihrer eigenen Schande das Antlitz von Vater Sonne und Mutter Mond zu verdüstern.

Man kann gegen das Heidentum so manches sagen, nicht aber, daß es intolerant ist! Gerade der Polytheismus fußt auf dem Prinzip »leben und leben lassen«. Die Römer, die bis zu ihrer späten, für die europäische Entwicklung unserer Meinung nach höchst fatalen Bekehrung zum Christentum urheidnisch dachten, waren gewiß Imperialisten erster Güte. Und doch verdrängten sie die Götter der von ihnen unterworfenen Völker nicht einfach oder verteufelten sie, wie es das Christentum tat, sondern integrierten sie in ihren eigenen Pantheon. Sie hatten sogar Altäre für »den unbekannten Gott«, den es erst noch zu entdecken galt. Eine solche Ehrfurcht vor Andersdenkenden ist Monotheisten fremd – und die Geschichte zeigt zur Genüge, welch blutige Folgen dies hatte.

Es bleibt die abschließende Frage: »Wer gehört zum Hexenkult?«

Viele Hexen meinen, daß nur jemand, der von einer eingeweihten Hexe eingeweiht wurde, selbst Hexe werden kann

Viele Hexen, vor allem reine Wicca-Anhänger meinen, daß nur jemand, der von einer eingeweihten Hexe eingeweiht wurde, selbst Hexe werden kann. Wir werden auf das Thema Einweihung noch in einem späteren Kapitel eingehen. Andere wiederum empfehlen die Selbsteinweihung mittels geeigneter Heimrituale. Und schließlich gibt es noch jene Puristen (vor allem unter den sogenannten *Hereditaries*), die der Auffassung sind, daß man zur Hexe geboren sein und von der eigenen Hexenfamilie eingeweiht werden muß.

Im letzteren Fall findet die Einweihung in den Hexenkult nur selten in einer formellen Zeremonie statt und besteht eher in der Übermittlung von Wissen, Familientraditionen, bestimmten Zaubertechniken und ähnlichem.

In Wirklichkeit ist eine solche Unterscheidung jedoch nur eine Frage der persönlichen Einschätzung. Wir, die Autoren dieses Buchs, sind der Auffassung, daß jeder sich zum Hexenkult zählen kann, der dies will, sofern er bereit ist, die Alten Götter zu verehren, ihre Kraft und Macht persönlich zu erfahren und sie in die Praxis umzusetzen.

Wir erkennen einen jeden solchen Menschen an, gleich welcher besonderen Richtung er zugehören mag, denn letzten Endes kann die Frage, ob man »dazugehört« oder nicht, nur von den Göttern selbst beantwortet werden.

Auch die formelle Verleihung von Graden ist letztlich nur ein veräußerlichter Akt, der einen inneren Entwicklungsprozeß symbolisieren soll und ohne diesen wertlos ist, wie wir noch sehen werden. Das gleiche gilt für die formelle Einweihung. Sicherlich ist es für jeden Anfänger sinnvoll, sich zu Beginn der Leitung einer kundigen, erfahrenen Hexe anzuvertrauen, um die Grundlagen dessen, was man auch die »Hexenkunst« (englisch: *the craft*) nennt, besser zu verstehen; doch wenn es wirklich darauf ankommt, zeigt sich erst bei der gemeinsamen Arbeit im Ritualkreis, wer sich wirklich Hexe nennen kann und wer (noch) nicht.

Erst bei der gemeinsamen Arbeit im Ritualkreis zeigt sich, wer sich wirklich Hexe nennen kann

Nicht daß wir solche Urteile fällen würden, die meisten Hexen wollen sich lediglich vergewissern, daß die individuellen Energien miteinander harmonieren und daß man tatsächlich auf Dauer fruchtbar zusammenarbeiten kann. Immerhin ist die gemeinsame Energiearbeit ein sehr intimer Akt, oft noch viel intimer als der sexuelle, und so darf es nicht verwundern, wenn Hexen sich ihre entsprechenden Partner sehr sorgfältig aussuchen.

Dennoch gibt es unter uns keine wie auch immer geartete Form von »Exkommunikation«. Wer mit seinen Partnern aus welchen Gründen auch immer nicht auskommt, kann sich anderweitig orientieren und sich mit anderen Hexen zusammentun. Wie dies im einzelnen funktioniert, werden wir im fünften Kapitel sehen, in dem es um den Coven und seinen Aufbau geht.

Das *Evangelo delle streghe* (»Das Hexenevangelium«, eine andere Bezeichnung für Lelands *Aradia*) berichtet, daß die Göttin Diana ihre Tochter Aradia mit dem Vermögen ausstattete, den Hexen, die sie anriefen, folgende Fähigkeiten zu verleihen:

Mann oder Frau Erfolg in der Liebe zu gewähren.
Freunde oder Feinde mit Macht
zu segnen oder zu verfluchen.
Zwiesprache mit Geistern zu halten.
In alten Ruinen Schätze aufzuspüren.
Die Geister jener Priester heraufzubeschwören,
die Reichtümer hinterlassen haben.
Die Stimme des Windes zu verstehen.
Wasser in Wein zu verwandeln.
Die Zukunft mit Karten vorherzusagen.
Die Geheimnisse der Hand zu erkennen.
Krankheiten zu heilen.
Häßliche schön zu machen.
Wilde Tiere zu zähmen.

Dies ist es, was wir noch heute tun, gleich welcher Tradition wir uns zugehörig fühlen. Dies – und noch vieles mehr – ist es, was den Hexenkult ausmacht, weshalb wir den Göttern dienen, weshalb wir die Alte Religion der neuen vorziehen. Unsere Wahrheit ist nicht das objektive Laborfaktum des materialistischen Wissenschaftlers, sondern vielmehr die Poesie der Mythen und Legenden, die Macht der Zauberkräfte, die Energien von Sonne und Mond, von Großer Göttin und Gehörntem Gott.

Denn wir sind Hexen,
weil wir
Menschen
sind.

Transzendenz ohne
Macht ist Mystik.
Macht ohne
Transzendenz
ist Technokratie.

2. Kapitel

Transzendenz und Macht

Transzendenz und Macht –
Die Ziele des Hexenkults

Fragt man Anhänger des Hexenkults nach ihren Zielen, so wird man oft sehr unterschiedliche Antworten erhalten. Manche werden antworten, daß sie ein intensiveres, ja intimeres Verhältnis zur Natur und ihren Kräften suchen; andere wollen die Realität der Alten Götter »am eigenen Leib« erfahren; wiederum andere streben nach Selbsterkenntnis und Selbstfindung im weitesten Sinne. Es gibt Hexen, denen es um den Erhalt unserer Umwelt und unserer gesamten Schöpfung geht, während andere vor allem die Beherrschung des eigenen Schicksals in den Vordergrund ihres Strebens stellen. Und sehr häufig ist es eine Mischung aus vielen verschiedenen oder allen hier genannten Faktoren, die Menschen zum Hexenkult zieht. Allerdings sollte man auch für jene Hexen Verständnis aufbringen, die jede intellektuelle Begründung ihres Handelns ablehnen und die Energien lieber nicht »zerreden« wollen. Denn in der Tat haben unser Verstand und – vor allem – unsere Verkopftheit schon genug Unheil auf dieser Erde angerichtet! Dennoch lassen sich zwei Hauptziele ausmachen, die den allermeisten Hexen eignen. Das eine ist Transzendenz, das andere Macht. Beide Begriffe bedürfen einer Erklärung, weil sie sehr oft mißverstanden werden. Die Suche nach jenem geheimnisvollen Etwas hinter der Schöpfung, dessen Gesetze sich oft im Dunkel unserer Unkenntnis verbergen, ist so alt wie die Menschheit selbst. Bereits in der Steinzeit fanden Kulthandlungen statt, gab es Zeremonien und Rituale. Die Sehnsucht nach Kontakt mit dem Übernatürlichen hat den Menschen nie losgelassen. Man denke nur an die zahllosen Religionen, die ihr entsprungen sind. Unsere Realität, das spüren wir immer wieder im Leben, wenn wir nur die Augen offenhalten, ist weitaus tiefgründiger als das, was wir mit Hilfe unserer meist ungeschulten Sinnesorgane wahrnehmen können. Wir Hexen aber wollen mehr. Wir geben uns nicht damit zufrieden, die Welt in die starren Regeln der mechanistischen Physik oder Soziologie zu pressen, ihre Geheimnisse wegzuerklären, indem wir sie mit Etiketten versehen, die in Wirklichkeit nur von den tieferen Schichten der kultischen Erfahrung ablenken, anstatt sie zu erhellen. Der Mensch ist mehr als ein Tier, das nach Nahrung strebt, nach Revierschutz und Lebenserhaltung, nach Fortpflanzung und materieller Bereicherung. Wir wollen unseren Ursprung erkennen, unsere Wurzeln wiederfinden, wissen, woher wir kommen, wohin wir gehen und wer wir sind.

> Unsere Realität ist weitaus tiefgründiger als das, was wir mit Hilfe unserer (meist ungeschulten) Sinnesorgane wahrnehmen können

Wir wollen uns auch nicht mit der Illusion abspeisen lassen, die »Realität« sei bereits weitgehend beschrieben und ergründet und es sei nur noch eine Frage der Zeit, bis unsere Wissenschaft auch die allerletzten Rätsel des Lebens gelöst habe. Mag sein, daß wir zuerst nur wünschen, später ahnen und schließlich, durch die Begegnung mit den Göttern, erfahren und wissen, daß es anders ist. Mag aber auch sein, daß wir bereits mit der Ahnung und dem Wissen geboren wurden, dem Wissen darum, daß hinter der Fassade des Alltags und der Materie beseelter und beseelender Geist wohnt und nur darauf wartet, von uns erkannt und angenommen zu werden – bis wir schließlich zum Vehikel seiner Kraft werden und ihm dienen, wie auch er uns am Leben erhält, ja dieses Leben überhaupt erst richtig lebenswert macht.

Jeder von uns hat seinen eigenen unmittelbaren, ganz persönlichen Zugang zur Transzendenz

Die Suche nach der *Transzendenz* entspricht dem Streben nach Überwindung der eigenen »normalen« Grenzen und Beschränktheiten. Auch der Wunsch nach Ekstase gehört dazu. Das Transzendente führt über das bloße Sosein unseres gewöhnlichen Lebens hinaus, es ist sein Ursprung und sein Ziel zugleich.

Das alles ist keineswegs rein intellektuell oder philosophisch zu verstehen. Die wenigsten Hexen sind Philosophen oder gar Theologen. Wir meinen damit vielmehr etwas ungemein *Wirkliches, Praktisches, unmittelbar Erfahrbares.* Man hat den Hexenkult als eine Religion bezeichnet, die ausschließlich aus Priesterinnen und Priestern besteht und keine »Laiengemeinde« kennt. Das stimmt auch: Jeder von uns hat seinen eigenen unmittelbaren, *ganz persönlichen* Zugang zur Transzendenz. Wir kennen keine autoritären Vermittler und Zwischenträger, welche die Wahrheit erst für uns »filtern« müssen, damit wir sie »ertragen«. So etwas überlassen wir lieber den Amtskirchen und jenen Menschen, die nicht wahrhaben wollen, daß in jedem von ihnen die Kräfte der Götter lebendig sind und erfahren werden können.

So suchen wir denn durch den Hexenkult nach einer Erfahrung, die uns über uns selbst hinausführt. Das griechische Wort »Ekstase« bedeutet »aus sich heraustreten«. Wir treten also aus uns heraus und machen Erfahrungen von solcher Glückseligkeit und Intensität, wie wir sie vorher nie für möglich gehalten hätten. Aber es geht nicht nur darum, eine Art religiöses »High« zu erleben; die Wahrheit selbst ist unser Anliegen, doch es ist keine Wahrheit des Verstandes allein, sie ist vielmehr im Körper und nur *durch* diesen zu erfahren. Deshalb tanzen wir und lassen es unserem Körper bei unseren Festen gut gehen, deshalb befassen wir uns mit dem Wissen um Heilkräuter und Heilzauber und deshalb *leben* wir die Wahrheit auch körperlich aus.

Durch den Hexenkult suchen wir nach einer Erfahrung, die uns über uns selbst hinaus führt

In diesem Sinne aus sich herauszutreten heißt, die Unendlichkeit des Universums zu erfahren und die eigene Unendlichkeit. Plötzlich erweisen sich viele unserer selbstauferlegten Beschränkungen als eitle Trugbilder, plötzlich lösen sich die Grenzen im Reich der Allmacht auf. Dabei wird unser Ego immer kleiner, immer demütiger. Wir erkennen, daß wir gleichzeitig die Schöpfer unseres Universums sind wie auch seine bescheidensten Diener. Indem wir uns mit den Göttern vereinen, sie im Ritus und außerhalb verkörpern, wächst unsere Macht – aber auch unsere Verantwortung für diese Macht. Wir vertrauen uns der Führung der Götter an, nicht indem wir in hingebungsvoller Passivität verharren, sondern vielmehr durch unser Tun. Wir sind die Kinder der Götter und ihre Priester zugleich. Sie beschenken uns reich mit ihren Gaben, und wir danken ihnen dafür, erkennen uns selbst in ihnen wieder und versuchen, ihnen durch unseren Kult Ehre zu machen und im Einklang mit ihren Weisungen zu leben. Dieser Einklang ist gewiß eine sehr subjektive Angelegenheit und läßt sich nur schwer in Worte fassen; und doch machen wir Hexen alle mehr oder weniger die gleichen Erfahrungen. Wenn eine der Unsrigen davon spricht, daß »die Göttin zu ihr gekommen« ist, dann wissen wir alle, was damit gemeint ist. Das ändert jedoch nichts daran, daß die Göttin (oder der Gott) sehr persönlich zu jedem von uns spricht, in einer Sprache, die kein anderer Mensch versteht, nur wir allein. So wird unser Universum reicher und bunter. Wir lernen, das Leben um so mehr zu lieben, je tiefer wir es ergründen und je mehr wir sehen, was hinter ihm und jenseits seiner Bedingtheiten steht. Denn bei aller Suche nach Transzendenz sind wir sehr diesseitig. Wir nehmen die Bedürfnisse des Alltagslebens ernst, wir respektieren unser Verlangen nach Glück und Liebe, nach Sinnlichkeit und Genuß ebenso, wie wir es niemandem verwehren, seinen wahren Gefühlen Ausdruck zu verleihen, und seien es Gefühle des Hasses oder der Wut. Denn das Ziel eines jeden Menschen besteht, wie wir glauben, darin, seinen Wahren Willen zu ergründen und ihn zu leben. Dieser Wahre Wille ist vergleichbar mit dem Begriff Berufung und Bestimmung. Die Götter zeigen uns unseren Wahren Willen, mal sehr eindeutig, mal recht subtil durch Omen und schicksalhafte

Wir sind die Kinder der Götter und ihre Priester zugleich

scheinbare Zufälle. Es ist nicht immer leicht, den Wahren Willen zu erkennen und ihm zu folgen. Meist ist es sogar eine Lebensaufgabe. Und wir glauben auch, daß nichts auf der Welt die Verwirklichung unseres Wahren Willens aufhalten kann, wenn wir nur eins mit ihm sind. Da wir durch das Tun und das Handeln leben, verleiht uns erst die Erkenntnis des Wahren Willens und die Einswerdung mit ihm die höchste Weihe und macht uns zu eigentlichen Hexen im Sinne der Magie. Das führt uns zu der Frage nach der Macht. Auch hier müssen wir immer wieder erklären, was wir *nicht* darunter verstehen, denn dieser Begriff ist mit allzuvielen negativen Assoziationen und Mißverständnissen beladen.

Macht bedeutet für uns Hexen nicht Herrschaft über Menschen

Zunächst einmal: Macht bedeutet für uns Hexen nicht Herrschaft über Menschen! Das Wort Macht leitet sich schon in altgermanischer Zeit von der Wurzel *magh* ab, die soviel wie »können, vermögen« bedeutet. Später entwickelten sich daraus auch die Wörter Möglichkeit (mittelhochdeutsch: *müg[e]lichkeit*) und Vermögen im Sinne von »Fähigkeit, Kraft; Zeugungskraft; Mittel, Geld und Gut«.

In der Tat wollen Hexen die Macht *über ihr eigenes Schicksal* erlangen. Statt ständig fremdbestimmt und als Opfer der Umstände durchs Leben zu gehen, wollen wir dieses Leben in unsere eigenen Hände nehmen – eigenverantwortlich und frei, nur den eigenen Gesetzen gehorchend und denen, die uns die Götter offenbaren.

Macht bedeutet also Können und Vermögen. Sie stellt die Essenz aller Kraft dar. Das englische Wort *power*, das in der Literatur sehr oft vorkommt, bedeutet beides, Kraft und Macht. Wenn die englischen

Hexen von *the power of the gods* sprechen, so meinen sie damit sowohl die Macht als auch die Kraft der Götter, die im Ritual übrigens als Einheit erfahren werden.

Wie alles im Hexenkult, ist auch dies keine bloße Theorie. Macht über sein eigenes Schicksal zu haben bedeutet, alle zur Verfügung stehenden Kräfte und Fähigkeiten zu nutzen. Im Unterschied zu den Materialisten sind wir der Überzeugung, daß diese Kräfte und Fähigkeiten all das bei weitem übersteigen, was wir herkömmlich darunter verstehen; auch die sogenannten »übernatürlichen« oder »übersinnlichen« Möglichkeiten zählen dazu. Allerdings empfinden wir den Begriff »übernatürlich« in diesem Zusammenhang als irreführend: Magie, Zauberei, Psi-Fähigkeiten und wie man diese Erscheinungen noch nennen mag, sind *in der Natur selbst enthalten* und stammen aus ihr. Sie erheben sich also nicht über die Natur und schon gar nicht sind sie »widernatürlich«, wie sehr viele religiös denkende Menschen glauben. Alle Schöpfung ist magisch, die Erschaffung des Lebens selbst war ein Akt höchster Magie.

Alle Schöpfung ist magisch, die Erschaffung des Lebens selbst war ein Akt höchster Magie

Die meisten von uns gehen ganz normalen Berufen nach und tun dies nicht besser oder schlechter als andere Menschen auch. In der Magie sehen wir eine willkommene Ergänzung unserer Möglichkeiten, auf unser Schicksal Einfluß zu nehmen. Wer eins ist mit den Göttern und seinem Wahren Willen, der ist auch eins mit den Urgesetzen des Universums. Er erkennt seine offenbaren und geheimen Strukturen und weiß sie zu nutzen. Daran ist nichts sonderlich Ungewöhnliches, jeder Mensch ist dazu fähig. Teilweise ist es sogar lediglich eine Frage der Technik, ob man zaubern kann oder nicht. Das mag jene erstaunen, die das düstere Gemunkel anderer »Magier« gewohnt sind, die mit verstohlenen Blicken und raunender Stimme verkünden, daß ihnen unsägliche Geheimnisse zuteil geworden seien, die dem profanen Auge verborgen bleiben müssen. Doch gerade *weil* die Magie etwas völlig Natürliches und jedem Menschen Zugängliches ist, lieben wir sie, wie wir alles lieben, was unmittelbar der Natur selbst entspringt.

Im Zauber erfahren wir die Macht der Alten Götter vielleicht am dramatischsten

Im Zauber erfahren wir die Macht der Alten Götter vielleicht am drastischsten. Indem sie uns ihre Kraft und ihr Wissen offenbaren und indem wir aktiv daran teilhaben, wird die Welt plötzlich zu einer schillernden Bühne, auf der recht merkwürdig anmutende Energien auftreten. Stellen Sie sich einmal das vor: Wir führen einen Zauber durch und er gelingt – worauf wir zunächst einmal staunen. Zu Anfang mag unser Verstand uns noch einreden, es sei Zufall. Nun gut, wir wiederholen den Zauber – mit erneutem Erfolg! Noch immer rebelliert der Skeptiker in uns, noch immer mag unser von naturwissenschaftlichem und »anti-abergläubischem« Denken geprägter Geist es nicht wahrhaben. (Kein Wunder: Er kann es ja nicht erklären!) Doch wenn wir dies ein, zwei Dutzend Mal erlebt haben, bleibt uns nichts anderes mehr übrig, als unseren Skeptizismus beiseite zu schieben und uns auf den alten schamanischen Grundsatz zu besinnen: »Was man wahrnimmt, ist auch wahr.«

Es ist viel über die Gefahren des Zauberns geschrieben worden. Gewiß, wer damit arbeitet, läuft schnell Gefahr, in unguten Größen-

Schon immer wurde die Hexe vom Unwissenden gefürchtet

wahn zu verfallen und sich selbst zu überschätzen. Wir Hexen sehen das aber etwas gelassener als der Durchschnittsmensch. Denn zum einen ist das Zaubern nicht der alleinige Bestandteil des Kults – Macht ohne Transzendenz wäre bloße Technokratie. Wir sind auch in unserem Zaubern eingebettet in den Umgang mit dem Göttlichen. Der Hexenkult fördert kein Aufblähen des Ego, wie dies viele rein magische Disziplinen tun. Da wir uns als Teil eines Ganzen begreifen, handeln wir im Idealfall stets im Bewußtsein um die Verantwortung für unser Tun. Aus diesem Grund werden auch die gelegentlichen Exzesse, die wir durchleben wie alle anderen Menschen auch, von der Transzendenz abgefangen und gemildert. Andererseits macht wahre Magie sehr bescheiden: Der Magier ist ja nicht allmächtig, schon gar nicht aus eigener Kraft allein, und wenn er sorgfältig beobachtet, wie seine Zauber wirken und gelegentlich auch einmal scheitern (auch das kommt häufig genug vor), stößt er unentwegt an seine eigenen Grenzen und lernt auf diese Weise umsichtiger vorzugehen. Schon immer wurde die Hexe vom Unwissenden gefürchtet. Doch man fürchtet sich vor allem vor Dingen, die man nicht wirklich kennt. Dieses Buch soll auch dazu beitragen, diese Furcht ein wenig aufzulösen. Wir Hexen sind eben *keine* Unholde, die nur danach trachten, ihren Nächsten Unheil zuzufügen und sich ständig die Rosinen aus dem Kuchen des Lebens zu picken, ohne dafür arbeiten zu müssen. Wer Hexen kennenlernt, ist oft erstaunt über ihre warmherzige Lebensfreude, ihren Humor und ihre allgemeine Fröhlichkeit. Wer das Leben liebt, der mag es auch nicht sinnlos zerstören.

Allerdings sind wir auch keine »Heiligen« im christlichen Sinne. Christliche wie alle anderen Moralgrundsätze gelten für uns nur insoweit, als sie sich mit unserem eigenen Wahren Willen in Einklang bringen lassen. Nur wenige von uns wären bereit, die andere Wange hinzuhalten, wenn der Gegner ihnen bereits einen Hieb verpaßt hat. Doch wie viele Christen tun dies wirklich? Wir meinen, daß wir ehrlicher mit unseren Bedürfnissen und Trieben umgehen. Wir bejahen sie als wichtigen Bestandteil der Ganzheit des Lebens. Und dazu gehören auch Emotionen wie Haß und Zorn, Neid und Eifersucht, Angst und Zerstörungswut. Wer sich einen der unseren trotz aller Warnungen gezielt zum Gegner macht, sollte in der Tat vorsichtig sein: Der Zorn einer Hexe ist nicht zu unterschätzen, zumal sie – wie jeder Zauberer – über schwer einzuschätzende, oft höchst unberechenbare Mittel und Fähigkeiten verfügt, ihm Geltung zu verschaffen. Doch meist geht es bei unserer Magie um andere, konstruktivere Dinge. Wir führen Heilungszauber für Mensch und Tier und auch für die Natur selbst durch, beeinflussen bei Bedarf das Wetter (beispielsweise Regenzauber in Zeiten großer Dürre), helfen uns selbst und den Mitgliedern unserer Coven mit magischen Mitteln (beispielsweise bei Gerichtsverhandlungen oder bei geschäftlichen Auseinandersetzungen), zaubern für Liebe, Glück und Wohlstand – kurzum für eine magische Steigerung dessen, was man seit einigen Jahren mit dem Begriff »Lebensqualität« bezeichnet. Und was die Nichthexen oft verblüfft: All dies können wir tun, ohne dabei ein schlechtes Gewissen zu haben! Dieser Punkt ist sehr wichtig, denn in

Der Zorn einer Hexe ist nicht zu unterschätzen

Zeiten der Verfolgung mußten wir immer wieder erleben, daß unsere Feinde ihren Neid gegen uns richteten; Neid darüber, daß wir uns Dinge zu tun trauten, vor denen sie selbst zurückschreckten. Minderheiten werden häufig zur Zielscheibe eigener Frustrationen und Minderwertigkeitsgefühle gemacht. Als Sündenböcke müssen sie dann ihren Gegnern die Kompensationsarbeit für deren eigene Verfehlungen und Mängel abnehmen. (Man denke nur an die Heftigkeit, mit der sexuell frustrierte Menschen Jagd auf »Unsittlichkeit« und »Pornographie« machen und sich zu Hütern der allgemeinen Moral aufschwingen.) Die Schadenfreude der Schaulustigen vor dem brennenden Scheiterhaufen ist nie zu verkennen.

Es gibt keine wirkliche Alternative zum Ausleben des eigenen Wahren Willens

Auf der anderen Seite üben jene, die sich nicht von allgemeinen Ängsten und Vorschriften unterkriegen lassen und statt dessen tun, was sie wirklich wollen, eine große Faszination auf andere aus. Eine solche Faszination ist nicht zuletzt auch Ausdruck der inneren Kraft und Macht eines Menschen, der seinem Wahren Willen gehorcht. Als Hexen machen wir uns zwar nicht vor, daß wir dadurch unverwundbar würden, aber es gibt uns doch genügend Kraft und Durchhaltevermögen, um auch die schlimmsten Verfolgungen zu ertragen.

Im Leben handeln, ohne es bereuen zu müssen – wer sehnt sich nicht danach? Ständig sind uns Zwänge im Weg, selbstauferlegte und jene, die von außen kommen. Und doch gibt es keine wirkliche Alternative zum Ausleben des eigenen Wahren Willens, denn alles andere führt in Unzufriedenheit und Mißmut, in Krankheit und Depression. Hexen haben beim Zaubern, bei der magischen Beeinflussung ihres Lebens, kein schlechtes Gewissen, aber nicht etwa, weil sie überhaupt keines besäßen, wie ihre Feinde oft höhnen, sondern weil sie *wissen, was sie tun, wozu sie es tun und für wen sie es tun!* Das ist zumindest im Idealfall so, und es dürfte jedem einleuchten, daß auch wir als fehlbare Menschen nicht immer unseren eigenen Ansprüchen gerecht werden. Aber wir bemühen uns immerhin, und der Zauber ist eine von zahlreichen Möglichkeiten, das Abenteuer der Selbstverwirklichung auch auf der stofflichen, objektivierbaren Ebene zu wagen. Zudem trennen wir ungern in eine »höhere« und eine »niedere«, eine »geistige« und eine »fleischliche« Realität. Gewiß, unser menschlicher Körper ist vergänglich, aber dafür sind viele von uns überzeugt, daß sie nach dem Tod nicht nur als Seele weiterleben, sondern auch in fleischlicher Form wiederkehren. Die meisten Hexen glauben an die Wiedergeburt, obwohl die Reinkarnationslehre im eigentlichen Kult keine allzu herausragende Rolle spielt. Der Körper ist für uns nicht etwa der »Kerker der Seele«, wie es das Christentum lange verkündet hat, sondern vielmehr ihr heiliger Tempel, das Geschenk der Großen Göttin und des Gehörnten Gottes an uns, das es zu ehren, zu achten und zu erhalten gilt. Das gilt auch für die Welt der Materie. Wir leben *hier und jetzt*, mitten im Alltag, mit alltäglichen Sorgen und Problemen. Die Magie ist für uns die *Verwirklichung* der Transzendenz, durch das Zaubern wecken wir ihre schlafende Kraft, durch die Tat erfüllen wir sie.

Hexen wissen,
was sie tun,
wozu sie es tun
und für wen
sie es tun

Die alten Götter
sind nicht tot.
Sie denken vielmehr,
daß wir es seien.

3. Kapitel

Die Realität der alten Götter

Die Realität der alten Götter

Die Große Göttin und der Große Gott

Im biblischen Buch Hiob findet sich ein Hinweis auf einen Sonnen- und Mondkult: »Hab ich das Licht [d. i. die Sonne] angesehen, wenn es hell leuchtete, und den Mond, wenn er herrlich dahinzog, daß ich mein Herz heimlich betört hätte, ihnen Küsse zuzuwerfen mit meiner Hand? Das wäre auch eine Missetat, die vor die Richter gehört; denn damit hätte ich verleugnet Gott in der Höhe.« (Hiob, 32; 26–28)
Die »antiheidnische« Haltung des Monotheisten wird hier deutlich, wie auch das Judentum und später das Christentum jede Verehrung weiblicher Gottheiten scharf ablehnte und verfolgte.
Der Hexenkult ist von Natur aus dualistisch ausgerichtet, zumindest was seine äußere Kultform angeht. Schon in grauer Urzeit standen männliche Gottheiten neben weiblichen, wurde das Prinzip von Licht und Schatten, von Tag und Nacht, auch im Pantheon deutlich.
In einer von Christentum und Materialismus beherrschten Kultur wie der unseren mag es wunderlich erscheinen, daß moderne Menschen

danach streben sollten, zwei oder mehrere Gottheiten zu verehren, die zudem noch nach Geschlechtern getrennt sind. Und doch entspricht eine solche Sicht der Dinge der menschlichen Urerfahrung und ist in diesem Sinne viel natürlicher als der Monotheismus mit seiner Konzentration auf ein einziges (meist männlich verstandenes) Prinzip. Warum man diese Trennung in Männlich und Weiblich aber auch nicht zu streng und ausschließlich handhaben sollte, wird noch zu erläutern sein. Bevor wir auf die auch dieser Polarität zugrundeliegenden Einheit eingehen, sollen die beiden göttlichen Grundprinzipien kurz erläutert werden.

Die Große Göttin

Zahllos sind die Namen der Großen Göttin: Wir verehren sie als Isis, Astarte, Diana (Abb. S. 62 und 63), Hekate (Abb. S. 64), Tanitha, Kali, Inanna, als Aradia und als Mondin, als Sternen- und Himmelsgöttin, und natürlich auch in ihren drei Aspekten: als Jungfrau, als reife Frau und als Vettel. Das Weibliche gebiert uns; jeder Mensch, ob Mann oder Frau, ist aus einem weiblichen Schoß in diese Welt getreten. Die Große Göttin ist die Verkörperung all dessen, was wir unter dem weiblichen Prinzip verstehen. Dazu gehören unter anderem folgende Eigenschaften, wobei diese Auswahl nur einen ganz allgemeinen, groben Überblick geben kann.

Attribute der Großen Göttin: passiv, weich, sanft, nachgiebig, gebärend, empfangend, zyklisch, fließend, negativ, linke Seite, das Irrationale, das Emotionale, das synthetisch Intuitive, Vagina, Mondgöttin.

Diana von Ephesus, links
Die Göttin Diana, rechts

Das weibliche Prinzip der Schöpfung ist das Lebenserhaltende, Aufbauende. Vergessen wir nicht, daß das Wort »Materie« von *mater*, also »Mutter« abstammt. Und dennoch reduzieren wir im Hexenkult weder die Göttin noch die Frau auf ihre Mutterrolle, wie das patriarchalische Systeme immer wieder so gern getan haben. Das Weibliche ist zugleich auch das Mächtige, das Urgründige, das Prinzip, das über die Magie der Träume und der Visionen verfügt und die subtilen Gesetze des Feinstofflichen kennt. Wo das männliche Prinzip erdenken und errechnen muß, kann das Weibliche erspüren und erahnen. Wo das Männliche analytisch zergliedert und den Einzelbestandteilen einer Sache nachforscht, besitzt das Weibliche die synthetische Schau der Gesamtzusammenhänge. Doch bevor wir beide weiter vergleichen, sollten wir das männliche Prinzip, wie es durch den Großen Gott, den Gehörnten, vertreten wird, kurz vorstellen.

Der Große Gott

Zahllos sind auch Namen des Großen Gottes: Wir verehren ihn als Pan (Abb. S. 65, links) und Dionysos, als »Gehörnten« und als Cernunnos (Abb. S. 65, rechts), als Osiris (Abb. S. 66) und Mithras, als Ra und als Dis, als Herne und Wodan sowie als Sonne. Und natürlich verehren wir ihn auch in seinen drei Aspekten: als Sohn, als Geliebter und als Gemahl der Großen Göttin. Er ist Jäger, Krieger, Familienvater. Das Männliche ist es, das uns zeugt, jeder Mensch, ob Mann oder Frau, ist durch die Befruchtung des weiblichen Schoßes durch das Männliche in diese Welt getreten.

Hekate

Der Große Gott ist die Verkörperung all dessen, was wir unter dem männlichen Prinzip verstehen. Dazu gehören unter anderem die unten genannten Eigenschaften, wobei auch diese Auswahl natürlich nur einen ganz allgemeinen und sehr groben Überblick geben kann.

Attribute des Großen Gottes: aktiv, hart, rauh, unnachgiebig, zeugend, gebend, linear, starr, positiv, die rechte Seite, das Rationale, das intellektuelle Prinzip, das analytische Denken, Phallus, Sonnengott.

Pan, links

Cernunnos, rechts

Auch das männliche Prinzip der Schöpfung ist lebenszeugend und aufbauend. Wenn in manchen Hexenschriften die Rede davon ist, daß nur das Weibliche das Leben erhält und nur das Männliche lebensvernichtend wirkt, so ist darunter nicht zu verstehen, daß der Große Gott allein zerstörerisch, die Große Göttin dagegen allein lebenserhaltend sei. Vielmehr handelt es sich dabei um eine Auseinandersetzung mit dem fehlgeleitetem Rationalismus patriarchalischer Denkweisen.

Auch den Großen Gott reduzieren wir im Hexenkult nicht auf eine Vater- und Erzeugerrolle. Das Männliche ist zugleich auch das Handelnde, das Aktive, das über die Magie der Weihe und der Tat verfügt und die klar erkennbaren Gesetze des Grobstofflichen kennt.

Osiris, links
Janet und Stewart Farrar als Große Göttin und Gehörnter Gott, rechts

Ebensowenig wie das Attribut »passiv« der Großen Göttin bedeuten soll, daß damit alles Weibliche pauschal als passiv duldend abgetan wird, will das Attribut »aktiv« des Großen Gottes besagen, daß das Männliche nicht zur Passivität und zum Empfangen fähig wäre. Es handelt sich dabei lediglich um Analogien, die in bildlicher (und zugleich sprachlich etwas reduzierter) Form Sachverhalte deutlich machen sollen, die eher erspürt als errechnet werden können. Wichtig ist vor allem, daß wir im Hexenkult beide Seiten, das Männliche und das Weibliche, zu ihrem Recht kommen lassen. Wir erkennen die Polarität der Transzendenz an und huldigen ihr durch den Ritus. Nur durch diese Polarität ist Schöpfung möglich, sie durchdringt und beherrscht das ganze Universum, und wenn wir zu den Urkräften und Urwahrheiten dieses Universums finden wollen, müssen wir den Weg über und durch diese Polarität nehmen. Dies ist zugleich der Weg der Alten Religion, der Religion unserer Vorfahren, ja der Ur-Religion überhaupt.

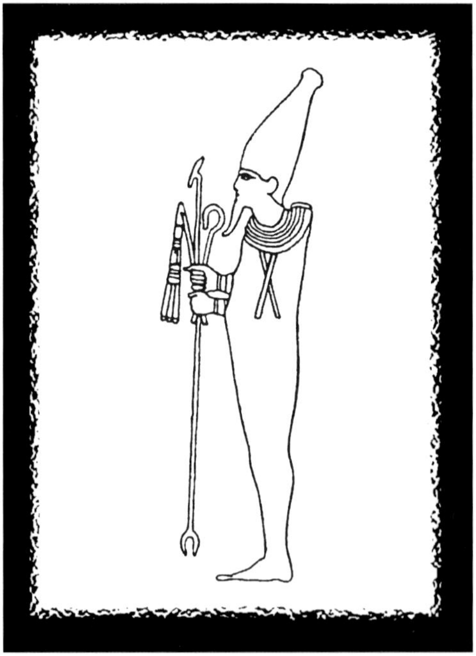

Hohepriester und Hohepriesterin verkörpern im Ritual die Gottheiten, ja sie invozieren sie solange, bis sie selbst zu den Gottheiten geworden sind. Wie dies im einzelnen geschieht, werden wir im nächsten Kapitel behandeln.

Der Hexenkult hat auch seine psychologische Seite, wie jeder Pantheon auch Ausdruck einer bestimmten Psychologie ist. Jeder Mensch besitzt eine weibliche und eine männliche Seelenkomponente, in der Tiefenpsychologie C. G. Jungs »Anima« und »Animus« genannt. Indem wir diese Komponenten rituell im Außen manifestieren (der Tiefenpsychologe spricht vom »projizieren«), begegnen wir unserem eigenen Spiegelbild – und in der Tat sind wir alle sowohl Diener der Gottheiten als auch ihre Verkörperung. Dies ist ein Mysterium, ein scheinbares Paradoxon, das nur in der rituellen Erfahrung aufgelöst und zur erlebten Wahrheit werden kann.

Die alten Götter stellen unsere Harmonie mit der Natur dar, weil sie selbst diese Natur sind

Es gibt unter Hexen ein Sprichwort, das gerade dem heutigen Menschen zu denken geben sollte: Die alten Götter sind nicht tot. Sie denken vielmehr, daß wir es seien.

Und ist es nicht so, daß die Natur (Stichwort: Umweltzerstörung) im großen Stil erst zu sterben begann, nachdem man die alten Götter für tot erklärt hatte? Oder als man meinte, sie durch die neuen Götzen der Technokratie und des blinden – und blindwütigen – Fortschrittsglaubens ersetzen zu müssen? Die alten Götter stellen unsere Harmonie mit der Natur dar, weil sie selbst diese Natur sind! Darin ist nichts Sentimentales zu sehen. Es wäre töricht, sich nur als Hexe zu fühlen, weil man ein wenig von keltischen oder germanischen

Gottheiten schwärmt und gern ein bißchen an Blumen riecht, während man im übrigen die Natur kritiklos verklärt. Wir Hexen haben sicherlich viel für Romantik übrig, aber gerade weil die alten Götter zu uns sprechen, haben wir es nicht nötig, nur die vermeintlich »positiven« Seiten zu betonen und die »negativen« stillschweigend zu übergehen. Die Natur ist liebevoll und grausam zugleich: Sie spendet Leben, aber sie nimmt es auch; sie schützt, aber sie bedroht auch, wie wir mit jeder »Naturkatastrophe« aufs neue erleben.

Und weil die alten Götter zu uns sprechen, unverblümt und direkt, ohne Beschönigungen und Ausweichfloskeln, zeigen sie uns auch ihre dunklen Seiten: Kali ist eine schreckliche Göttin, die Schwarzmondin ist finsterer als die Nacht, die Götter der Unterwelt sind alles andere als »lieb« und »nett«. Es wird von unseren Kritikern oft verkannt, daß der Hexenkult keine unreflektierte Neuauflage einer romantischen Naturschwärmerei ist, üppig garniert mit ein paar alten Götternamen und eingekleidet in zahme Wohnzimmerrituale. Die Hexe will vielmehr zur Realität der Natur in all ihren Aspekten vorstoßen, den lichten wie den finsteren, sie annehmen, wie es einem Kind dieser Natur geziemt, und sie in sich wirken lassen, wie es einer Inkarnation der Gottheit geziemt. Mit einer Verklärung der Natur, dies erkennen wir Hexen ganz deutlich, ist niemandem gedient – uns selbst nicht, die wir uns dann weiterhin falsch verhalten und eine kindische Illusion von einem Naturtraum mit der Wirklichkeit und ihren höchst wirklichen Problemen verwechseln, und der Natur selbst schon gar nicht, denn sie als unsere Lebensgeberin hat ein Recht darauf, so genommen und verstanden zu werden, wie sie wirklich ist. Es könnte sein, daß die Zukunft der ganzen Menschheit davon abhängt, ob wir die Botschaft der Alten Götter vernehmen und beherzigen: »Seid eins mit der Natur und versucht nicht, ihr immer wieder aufs neue Gewalt anzutun – denn sie ist mächtiger als ihr!« Wenn wir dies nicht tun, uns weiterhin taub stellen und wir diese Aufforderung mißachten, so wird es wohl nicht mehr lange dauern, bis der Mensch endgültig von diesem Planeten verschwindet und von der Evolution als »Fehlentwicklung« abgeschrieben wird wie schon so manche Art zuvor. Über all diesen Erklärungen verlieren wir allzuleicht die Tatsache aus den Augen, daß die Götter erfahren werden müssen. Man kann sie nicht erdenken. Denn alles wahrhaft Göttliche entzieht sich einer präzisen sprachlichen Beschreibung. Angesichts der Erfahrung des Unaussprechlichen muß die Sprache versagen. Auch verstehen wir die Götter nicht nur als symbolische Verkörperungen abstrakter Prinzipien. Wenn wir diese Prinzipien hier aufgeführt haben, so nur deshalb, weil wir in einer vom monotheistischen Denken geprägten, andererseits aber zunehmend psychologiegläubigen Kultur einen leichteren Zugang zu dieser Art der Seinswahrnehmung finden mußten. Eine wahre Gottheit läßt sich niemals erschöpfend beschreiben, das ist in keiner Religion anders. Aber man kann versuchen, sich ihr getreu dem Prinzip »vom Bekannten zum Unbekannten» anzunähern. Dies wird besonders deutlich, wenn wir uns das im vorletzten Kapitel bereits kurz erwähnte Prinzip der »mythischen Wahrheit« vor Augen führen. In unserer gegenwärtigen Kultur herrscht die rationale

Angesichts der Erfahrung des Unaussprechlichen muß die Sprache versagen

Wissenschaft vor, die nur die formallogische »objektive« Wahrheit kennt. Es ist jedoch ein reines Vorurteil zu glauben, daß dies die einzige Form der Wahrheit sein kann. Darin steckt eine gewaltige unbewußte Überheblichkeit, denn unser sogenanntes »wissenschaftliches« Denken ist kaum ein paar hundert Jahre alt, das mythisch-magische Denken hingegen hat sich seit Jahrtausenden bewährt. Man kann den Unterschied zwischen beiden Denkformen mit dem Bild vom Kopf und vom Bauch veranschaulichen: Das rationalistische Denken gehört zum Kopf, zum analytischen Intellekt und zum logisch-diskursiven Verstand. Das mythische Denken dagegen gehört zum Bauch, zur synthetischen Intuition und zum Gefühl. Früher gab es den Ausdruck »Herzenswahrheit« für eine Wahrheit, die mehr erfühlt als errechnet werden konnte. Diese Herzens- oder Bauchwahrheit müssen wir erspüren, wenn wir mit Mythen umgehen. Dann kommt es auch nicht so sehr darauf an, daß die Mythen »wörtlich« stimmen, solange sie sich richtig »anfühlen«.

Eine wahre Gottheit läßt sich niemals erschöpfend beschreiben

In ihrem *ABC of Witchcraft* schreibt Doreen Valiente: »Kein intelligenter Heide war jemals so töricht zu glauben, daß der Mond, den er oben am Himmel erblickte, eine Göttin war. Im Gegenteil, die Planeten und Lichter (d. i. Sonne und Mond) wurden nach den Göttern benannt und nicht umgekehrt.«

In der Welt der Mythen und der Magie denkt man in Analogien und Bildern, wie es unser Unbewußtes tut – und wie es Kinder noch vorzüglich verstehen, die deshalb auch so leicht Zugang finden zu dieser Welt, bis sie schließlich von den Erwachsenen »umgepolt« werden.

Rituale sind also symbolische Handlungen. Es wäre jedoch verkehrt zu glauben, daß sie damit »nicht wirklich«, »nicht real« wären. Es kostet oft einiges an Anstrengung, die feinstofflichen Energien, die durch das Ritual freigesetzt werden, zu erkennen und sie dann auch anzunehmen.

In der Welt der Mythen und der Magie denkt man in Analogien und Bildern

Auch wenn man niemals eine wirklich treffende und erschöpfende Beschreibung der Götter geben kann, läßt sich doch sagen, daß sie in ihrem tiefsten Wesen jenseits der Geschlechtlichkeit liegen. Mit anderen Worten: Der Dualismus von Männlich und Weiblich ist zwar real und verkörpert sich für uns, wie bereits beschrieben, in den Gottheiten. Doch läßt sich die Transzendenz nicht wirklich in enge menschliche Grenzen pressen. Jenseits der Polarität liegt eine Wirklichkeit, die alles, was der Mensch sich vorstellen kann, bei weitem übertrifft und im wahrsten Sinne des Wortes »in den Schatten stellt« (daher auch unser Buch der Schatten).

Als Menschen finden wir jedoch nur selten einen unmittelbaren Zugang zu dieser übergeschlechtlichen Wirklichkeit der alten Götter. Dieser Zugang hängt ab von unserer Hingabe und unserer geistig-seelischen Offenheit. Manche Hexen gehen den Weg der alleinigen Verehrung einer einzigen Gottheit, in der Regel der Großen Göttin. Wer nicht um die tieferen Aspekte der Göttlichkeit weiß, mag dies kopfschüttelnd als asymmetrisch und einseitig beurteilen. Doch in Wirklichkeit stellt jede Gottheit ein geschlechtlich gepoltes Tor dar, das in einen Realitätsraum jenseits des Dualismus führt. Die Gottheit wird auf diese Weise nicht als Teilaspekt der Natur erfahren, sondern

als Ganzes, als Allumfassendes, das auch die Polaritäten in sich vereint. Von Einseitigkeit kann hier also keine Rede sein.
Im Hexenkult wird öfter von der Anderswelt gesprochen. Das ist das Reich der magischen Kräfte, das Reich der Götter und Geister, der feinstofflichen Einflüsse, das Reich der Zauber. In dieses Reich tritt die Seele nach dem Tod des physischen Körpers ein. Doch handelt es sich bei der Anderswelt nicht etwa um einen Ort, sondern um einen Zustand. Man muß nicht erst sterben, um die Anderswelt erforschen zu können, sie ist kein christliches Jenseits. Die Hexe erhält Zugang zu ihr durch das Ritual und durch die Zwiesprache mit den Göttern. Der Schlüssel dazu ist die Trance.

Bei der Anderswelt handelt es sich nicht etwa um einen Ort, sondern um einen Zustand

Im Ritual tritt
die Hexe
in die Anderswelt
der magischen
Kräfte ein.

4. Kapitel

Grundritual, Einweihung, Grade, Jahresfeste

Grundritual, Einweihung, Grade, Jahresfeste

Bevor wir uns dem rituellen Aspekt des Hexenkult widmen, sollten wir voranschicken, daß es das einzig wahre, seit ewigen Zeiten festgelegte Ritual nicht gibt. Im Gegenteil, unsere Rituale sind so vielfältig wie unsere Coven. Jede Hexe hat ihre eigenen Versionen und Varianten, und bereits Anfänger werden aufgefordert, ihre eigenen Rituale zu entwickeln und zu praktizieren. Und da auf dem Papier manches ganz anders aussieht, als es sich hinterher in der Praxis darstellt, wird auch an Ritualen immer wieder »herumgefeilt«, werden auch sie verbessert und weiterentwickelt.

Dafür gibt es mehrere Gründe. Zum einen tragen wir damit der Tatsache Rechnung, daß jede Magie etwas sehr Individuelles, Persönliches ist. Zwar gibt es allgemeingültige Grundstrukturen, zum Beispiel die Polaritäten männlich/weiblich, hell/dunkel, Grundtechniken wie die Arbeit mit Gesängen und Tanz, und so weiter, doch wirkt nicht jedes Ritual auf jede Hexe gleich. Im Coven ist Einheitlichkeit gefordert, damit man eine gemeinsame Grundlage für die Gruppenarbeit hat, doch auch eine Gruppe ist in gewissem Sinne ein Individuum, und so entwickelt jeder Coven früher oder später fast zwangsläufig seine eigenen Ritualversionen, die sich oft nur geringfügig – aber deswegen nicht minder entscheidend – von älteren Vorbildern unterscheiden.

Die Rituale, die wir in diesem Buch anbieten, sind also nur *Beispiele.* Authentisch sind sie insoweit, als sie aus der Praxis stammen und in der hier geschilderten Form ausgeführt wurden und immer noch ausgeführt werden. Andererseits können sie nicht mehr sein als Muster, Anregungen, die von jeder Hexe an ihre individuellen Bedürfnisse angepaßt werden sollten.

Worauf es ankommt, ist die Erfahrung des Rituals, die sogenannte Erlebnisdimension

Ohnehin ist die veräußerlichte Form des Rituals, etwa der niedergeschriebene Text, nur der unwichtigere Teil. Worauf es viel mehr ankommt, ist die *Erfahrung des Rituals*, die sogenannte *Erlebnisdimension*, und die ist mit Worten nicht vermittelbar. Was sich mit unbeteiligten Augen vielleicht etwas blutleer und flach, möglicherweise sogar pompös oder gar albern lesen mag, kann sich in der Praxis als äußerst tiefgründig, bewegend und anrührend erweisen. Auf der anderen Seite macht die angehende Hexe oft die Erfahrung, daß die von reinen Theoretikern entworfenen Rituale oberflächlich betrachtet zwar sehr schön und poetisch, stimmig und ergreifend wirken, sich aber völlig hohl und nichtssagend »anfühlen«, wenn sie umgesetzt werden. Und oft genug gelangen zehn Hexen bei der Beurteilung ein und desselben Rituals zu zehn verschiedenen Meinungen.

Betrachten Sie unsere Rituale also bitte in erster Linie als *Vorschläge* und nicht als Dogmen. Sie stehen zwar in bester Hexentradition, doch wäre es Unfug behaupten zu wollen, es ginge nur so und nicht anders. Hexen, die derlei vorgeben, sind in Wirklichkeit vom echten Hexentum mit seiner anarchischen Vielfalt und seiner schier unglaublichen Toleranz gegenüber formalen Dingen viel weiter entfernt als ein Christ, der in der stummen Zwiesprache mit seinem Gott seinen eigenen Worten, und seien sie auch noch so holprig, den Vorzug gegenüber gedruckten Ausgaben seines Katechismus gibt. Der Sinn, Rituale überhaupt schriftlich festzuhalten und zu veröffentlichen, besteht vor allem darin, dem Anfänger ein paar Anhaltspunkte zu geben, damit ihm die praktische Orientierung leichter fällt.

Mit dem Ritus begibt sich die Hexe hinaus aus dem Gefängnis ihrer Alltagssorgen und tritt ein in die Anderswelt

Grundsätzlich ist zu Ritualen zu sagen, daß sie die dramaturgische Umsetzung mythischer und magischer Wahrheiten und Erkenntnisse darstellen. Mit dem Ritus begibt sich die Hexe hinaus aus dem Gefängnis ihrer Alltagssorgen und tritt ein in die Anderswelt der magischen Kräfte und der Erfahrung des Göttlichen. Durch Symbolhandlungen vereinigt sie sich mit den göttlichen, übergeordneten Kräften, die zugleich ihrem Inneren entspringen. Wenn die Hohepriesterin beispielsweise die Große Göttin »invoziert«, dann bedeutet dies, daß sie die Gottheit so lange anruft, bis sie in Trance eins mit ihr geworden ist. Alles, was sie von diesem Zeitpunkt an tut, tut sie nicht mehr in ihrer »normalen« Identität. Es ist vielmehr die Göttin, die sich ihres Körpers als Vehikel bedient, die sich vorübergehend in diesem Körper inkarniert.

Im Ritual begibt sich die Hexe aus dem Gefängnis ihrer Alltagssorgen

ANDERSWELT

der magischen Kräfte

Erfahrung des Göttlichen

TRANCE

RITUAL

SYMBOLISCHE

HANDLUNG

ABLEGEN DER NORMALEN KLEIDUNG

ANLEGEN DER ROBE

ALLTAGSWELT

Dadurch wird auch die magische Macht der Hexe gesteigert. (Bitte erinnern Sie sich daran, was wir im zweiten Kapitel zum Thema Macht gesagt haben.) Da sie nicht mehr »sie selbst« ist, sondern die Göttin, verfügt sie auch über deren Kraft und Fähigkeiten. Nur auf dieser Grundlage sind wirkliche Zauber möglich. Nur die Gottheit (beziehungsweise der Mensch im Bewußtseinszustand der Gottheit) kann über die Gesetze der bloßen Materie hinaus ins Kausalgefüge des Schicksals eingreifen und scheinbar »übernatürliche« Phänomene hervorbringen.

Es war von »Trance« die Rede. Die Trance der Hexe ist kein bloßer Bewußtseinsverlust, keine Ohnmacht. Vielmehr handelt es sich dabei um ein gesteigertes Bewußtsein bei voller Kontrolle. Diese Kontrolle geht freilich nicht so sehr vom Verstand aus wie vom magischen Instinkt. Die Volltrance, nach der sich die Hexe nicht mehr erinnern kann, was »sie« getan hat, ist die Ausnahme. Die Hexentrance wird erreicht durch Tanzen, Gesänge, Fasten, trancefördernde Mittel (beispielsweise geistige Getränke oder andere Elixiere in geringer Dosis) und so weiter, vor allem aber durch das Sich-Öffnen für den Eintritt der Gottheit. So ist das Ritual zum einen ein Instrument zur Erlangung der Trance, andererseits verlangt es nach eben dieser Trance, um wirksam zu werden. Äußere Anzeichen der Trance sind häufig eine gewisse Fahrigkeit der Körpermotorik, schweres Atmen, Schweißausbrüche, leichte Zuckungen, Schwanken, Röcheln oder ähnliches, ohne daß dies jedoch als unangenehm empfunden würde. Physiologen erwähnen in Zusammenhang mit der Trance die Wirkung von

Endorphinen, körpereigenen Opiaten, die aufgrund bestimmter äußerer Reize im Gehirn ausgeschüttet werden und den erwähnten veränderten Bewußtseinszustand herbeiführen.

All dies mag zunächst ziemlich theoretisch, kompliziert und schwierig anmuten, doch in der Praxis ist es ganz einfach, wenn man nur bereit ist, sich der Ritualerfahrung hinzugeben. Denn die Erfahrungen, mit denen im Hexenkult gearbeitet wird, sind völlig natürlich und sind jedem Menschen in die Wiege gelegt worden. Grundbedingung für die Praxis ist also die Praxis selbst, womit sich unser Kreis wieder geschlossen hätte. Wagen Sie den Versuch, und wenn es beim ersten Mal nicht klappen sollte, versuchen Sie es immer und immer wieder, bis die Barrikaden nachgeben, die materialistische Erziehung und Umwelt in unserem Inneren errichtet haben. Erwarten Sie am Anfang nicht zu viel: Die rituelle Trance kommt selten mit einem »Paukenschlag«. Der Ungeübte erkennt oft gar nicht, daß er bereits in Trance ist. Deshalb wurden die oben angeführten körperlichen Phänomene als mögliche, aber nicht unabdingbar auftretende Orientierungsmerkmale erwähnt.

Der Ungeübte erkennt oft gar nicht, daß er bereits in Trance ist

Die Ausrüstung der Hexe –
Die magischen Waffen

Unter »Waffen« verstehen wir hier magische Instrumente, die im Ritual verwendet werden. Es handelt sich also nicht um Kriegswerkzeug! Im Idealfall sollte die Hexe alle ihre Ritualgegenstände persönlich anfertigen, doch ist das nicht immer zu bewerkstelligen (etwa das Schmieden des Schwerts). Deshalb wird häufig mit fertigen oder halbfertigen Produkten gearbeitet. (Im Anhang sind die Adressen einschlägiger Zubehörlieferanten aufgeführt.)

Die Robe

Viele Hexen ziehen es vor, unbekleidet zu arbeiten, wie es der Tradition entspricht. Das nennt man im englischen Wicca-Kult *skyclad* (»im Himmelskleid«). Es ist jedoch nicht immer machbar und sinnvoll, vor allem bei Ritualen im Freien, wo sich nicht nur das Wetter, sondern auch eventuelle Zuschauer als hinderlich erweisen könnten. Dann wird meist die Robe getragen. Die Robe dient dem magischen

Schutz und symbolisiert zugleich das Abstreifen der Alltagsidentität und den Eintritt in die Anderswelt. Die Robe hat einen Kuttenschnitt und besteht in der Regel aus Naturfasern, vorzugsweise Seide. Ihre Farbe ist meistens schwarz, häufig wird aber auch mit weißen oder andersfarbigen Roben gearbeitet. Es gibt auch Hexen, die für jeden Ritualzweck eine eigene Robe in jeweils einer anderen Farbe tragen. Für den Anfang genügt aber auch ein ganz gewöhnliches Kleidungsstück, sofern es ausschließlich für Hexenarbeiten verwendet wird (Abb. S. 83).

Das Athamen

Das (gelegentlich auch: der) Athamen ist der schwarze Dolch der Hexe, mit dem magische Kreise gezogen, Geister im Zaum gehalten und gebannt werden und so weiter. Viele Hexen arbeiten zusätzlich mit einem *weißen* Dolch. In diesem Fall dient das schwarze Athamen den konstruktiven oder »weißen« Arbeiten (Abb. S. 85).

Das Schwert

Das Ritualschwert symbolisiert das Element Luft. Mit ihm (anstelle des Athamen) wird gelegentlich auch der Kreis gezogen, je nach Traditionszugehörigkeit der Hexe. Material und Form des Schwertes sind zwar prinzipiell beliebig, doch gibt es bevorzugte Muster, beispielsweise ein Griff aus geschnitztem Holz, ein Heft aus zwei gegenläufigen kupfernen Mondsicheln mit dazwischenliegenden Mondscheiben und eine Klinge aus Stahl.

Der Kelch

Der Kelch symbolisiert das Element Wasser und das Weibliche. Im Idealfall ist er aus Silber, seine Form ist beliebig.

Der Stab

Der Stab symbolisiert das Element Feuer und ist aus Holz geschnitzt, oft in Phallusform.

Das Pentakel

Das Pentakel symbolisiert das Element Erde und besteht aus Holz oder Kupfer. Für viele Hexen ist das Pentakel auch ein Seelenspiegel, in den in symbolischer Form die Identität der Hexe individuell eingraviert wird. Geschieht dies nicht, so werden magische Symbole eingraviert, beispielsweise das Pentagramm (Abb. S. 92).

Das Räuchergefäß

Ein Utensil, in dem das Räucherwerk abgebrannt beziehungsweise verdampft wird. Es besteht meist aus Metall oder feuerfester Keramik (Abb. S. 91).

Die Schale

In diesem Gefäß werden beim Grundritual Salz und Wasser vermischt. Salz galt häufig als Symbol für Lebenskraft und als unheilabwehrend. Wasser ist unter anderem ein Symbol der körperlichen und seelischen Reinigungs- und Erneuerungskraft.

Der Hexenkessel

Der berühmte »Hexenkessel« ist ein sehr alter Ritualgegenstand des Hexenkults von sowohl symbolischer als auch praktischer Bedeutung. Er ist ein Sinnbild des Todes und der Wiedergeburt, in ihm werden Absude gebraut und beim Ritual steht er oft in der Mitte des Kreises und wird der Zeremonie entsprechend geschmückt. Manche Hexen entzünden das Ritualfeuer in diesem Kessel.

Der Hexenbesen

Das vielleicht berüchtigtste Utensil der Hexen ist der Hexenbesen. Heute arbeiten nur noch die wenigsten Hexen damit. Der Hexenbesen war ursprünglich ein Phallussymbol, das teilweise auch zum Auftragen der Flugsalbe verwendet wurde. Er spielt vor allem bei der Hexenhochzeit eine Rolle (siehe 5. Kapitel) sowie als Instrument der Reinigung.

Schwert, Kelch, Stab und Pentakel werden auch als Elementwaffen bezeichnet, denn sie stehen für die Elemente Luft, Wasser, Feuer und Erde (Abb. S. 87). Da jedoch nicht alle Hexen explizit mit den vier Elementen arbeiten, benutzen auch nicht alle diese Waffen. Statt dessen stehen bei den anderen Hexen Athamen und Kelch im Vordergrund, wobei der Kelch nicht für das Element Wasser steht, sondern das weiblich-vaginale Prinzip repräsentiert (vor allem im Großen Ritus), während das Athamen für das phallisch-männliche Prinzip steht. Auf jeden Fall gehören in allen Traditionen Athamen und Kelch zur rituellen Grundausrüstung.

Sonstige Gerätschaften und weiteres Zubehör

Weiterhin können bei Hexenritualen (je nach Bedarf und individueller Vorliebe) folgende Dinge Verwendung finden: magischer Schmuck wie Ringe, Ketten, Sonnen- und Mondkrone; Pentagramme (Anhänger, Standsymbole); Figurinen und Bildnisse der Gottheiten; Geißel; Wachs-, Holz- oder Lumpenpuppen; Nadeln (zum Stechen der Puppen); magische Spiegel (für die Divination und die magische Fernbeeinflussung); Kristallkugeln, Tarot- oder Wahrsagekarten (für die Divination und zur Meditation); individuell geladene Kraftobjekte (Fetische), Talismane und Amulette; diverse Kordeln (eventuell in verschiedenen Farben) für Knotenzauber, das Maßnehmen bei Einweihungen und so weiter); Kristalle und Edelsteine (für Heilungen und als magische Kraftspeicher); Stirnbänder (eventuell in verschiedenen Farben) und anderes mehr. Von großer Bedeutung ist Weihrauch, da sein Duft und Düfte überhaupt stark trancefördernd sind. Weihrauch kann in entsprechenden Geschäften fertig gekauft, aber auch selbst gemischt werden. Er wird mit Hilfe von selbst zündenden Holzkohletabletten verbrannt oder (in flüssiger Form) auf erhitzten Metallplatten verdampft. Auch Duftöle zur Salbung werden in manchen Ritualen eingesetzt. Weder für Räucherwerk noch für Duftöle sind bestimmte Zusammensetzungen vorgeschrieben. Kerzen oder, bei Ritualen im Freien, Fackeln gehören ebenfalls zu jedem richtigen Hexenritual. Da der Tempel oder Ritualplatz in der Regel auch geschmückt wird, dürfen Blumen (auch Trockenblumen, Feldblumen und so weiter), Früchte (je nach Jahreszeit) und ähnliches

nicht fehlen. Der Altar befindet sich im Norden des Kreises. Dabei handelt es sich um eine Abstellfläche für die magischen Utensilien. Dies kann ein eigens für diesen Zweck angefertigtes Möbel sein, eine Kommode, ein Tischchen oder etwas ähnliches. Bei der Arbeit in der freien Natur dient ein großer Stein, ein Baumstumpf oder ein Tuch, das auf dem Boden ausgelegt wird, als Altar. Auf dem Altar steht immer die Altarkerze als Symbol des Lichts.

Die Symbole der Hexen

»Ein Bild sagt mehr als tausend Worte«, weiß ein altes Sprichwort. Durch Symbole und Bilder erlangt die Hexe Zugang zur Anderswelt. Wie alles im Hexenkult sind auch die Symbole nicht ausnahmslos festgelegt, weshalb hier auch nur einige der wichtigsten genannt werden sollen.

Das aufsteigende Pentagramm

Das aufsteigende Pentagramm steht für die fünf Elemente Erde, Wasser, Feuer, Luft und Geist sowie für den vollkommenen Menschen. Es ist eine uralte Schutzglyphe, auch bekannt unter der Bezeichnung »Drudenfuß«.

Die Mondsichel

Die Mondsichel ist das Symbol der Großen Göttin. In der zunehmenden Phase steht die Mondsichel auch für »Wachstum« im Sinne von »Schwangerschaft«.

Die Hörner

Die Hörner mit dem Lichtpunkt (das dritte Auge) sind das Symbol des Großen Gottes. In Anlehnung an ihre Bedeutung im Tierreich stehen sie für Fruchtbarkeit (gehörnte Tiere waren beliebte Fruchtbarkeitssymbole) sowie für Stärke und Macht auch im geistigen Sinne.

Der keltische Kreis

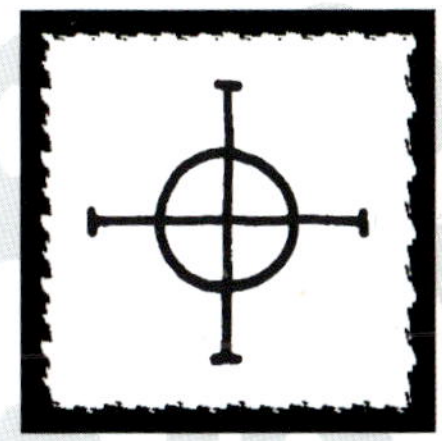

Der keltische Kreis ist ein Symbol der vier heiligen Himmelsrichtungen Norden, Süden, Osten und Westen, der Erde und der Elemente Wasser, Feuer, Erde und Luft. Die Symbolik des Kreises ist eng mit der des Rades verknüpft.

Das achtspeichige Rad

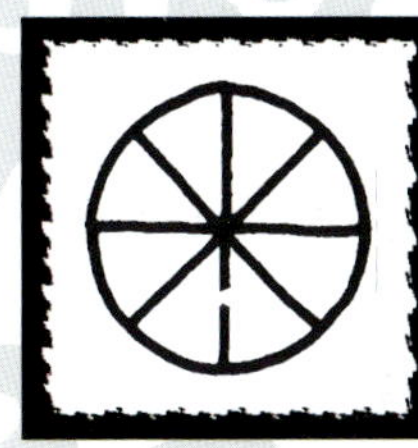

Das achtspeichige Rad symbolisiert den ewigen Kreislauf von Leben, Tod und Wiedergeburt, den Jahreslauf, dessen Stationen denen im Leben eines Menschen entsprechen: Wintersonnenwende – Empfängnis, Imbolg – bis 7 Jahre, Frühlingstagundnachgleiche – 7 bis 14 Jahre, Beltane – 14 bis 21 Jahre, Sommersonnenwende – 20 bis 30 Jahre, Lughnasadh – 30 bis 50 Jahre, Herbsttagundnachtgleiche – 50 bis 60 Jahre, Samhain – Alter und Tod.

Das absteigende Pentagramm

Das absteigende Pentagramm wird fast ausschließlich für destruktive Arbeiten (Schadenzauber, Flüche und so weiter) verwendet, gelegentlich aber auch zum Herabrufen von Energien.

Das Grundritual des Hexenkults

Das Grundritual ist so etwas wie der »kleinste gemeinsame Nenner« aller Hexen verschiedener Traditionen. Es orientiert sich an der Tradition des englischen Wicca, findet sich aber in ähnlicher Form auch bei anderen Hexen.

Das Grundritual ist wie folgt gegliedert:
1) Ziehen des Kreises, 2) Anrufung der vier Hüter der Himmelsrichtungen und der Elemente, 3) Anrufung der Gottheiten,
4) Herstellen des Kraftkegels, 5) Hauptteil: Jahresfestritus, Einweihung, Zauber und so weiter, 6) Abschluß und Bannung.
Das Ritual kann allein oder in einer Gruppe durchgeführt werden. Für die Arbeit ohne Gruppe ist die Anleitung sinngemäß zu ändern. Die Hexen stehen an der Stelle, um die der Kreis gezogen werden soll. Der Kreis darf von keiner Hexe verlassen werden, bevor das Ritual beendet ist.

1. Das Ziehen des Kreises

Die Hohepriesterin beginnt im Norden und zieht mit ausgestrecktem Arm mit ihrem Athamen den Kreis im Uhrzeigersinn. Dabei spricht sie laut:

> *»Ich errichte einen Tempel zwischen den Welten und jenseits der Zeit.«* (Abb. S. 95)

Auf dem Altar wird eine Schale voll Salz geweiht:

> *»Ich weihe dich, Wesen der Erde, daß du rein und heilig seiest im Namen des Gehörnten und der Erde* (hier können auch die Namen der Gottheiten eingesetzt werden, wie sie der Coven zu verwenden pflegt).«

Der mit klarem Wasser gefüllte Kelch auf dem Altar wird geweiht:

> *»Ich weihe dich, Wesen des Wassers, daß du rein und heilig seiest im Namen des Gehörnten und der Erde* (siehe oben).«

Der Hohepriester gibt das Wasser in die Schale, und die Hohepriesterin geht damit im Kreis umher und sprenkelt einige Tropfen davon in jede Himmelsrichtung. Nun geht der Hohepriester mit dem Räuchergefäß von innen den Kreis ab und schwenkt es in jede Himmelsrichtung. Der Hohepriester wiederholt das gleiche mit der Altarkerze. Während der Kreis gezogen wird, konzentrieren sich die anderen Mitglieder des Coven auf das Geschehen. Sie können es aber auch mit leisem Gesang, Summen oder gedämpftem Trommeln begleiten.

2. Die Anrufung der vier Hüter der Himmelsrichtungen und der Elemente

Nun ruft die Hohepriesterin die vier Hüter der Himmelsrichtungen und der Elemente an.

Im Norden: *»Seid gegrüßt, ihr Herrscher des Nordens, sei gegrüßt, Herrin der Erde. Ihr Bewohner der Felsen und Berge, kommt, schützt und begleitet diese Zeremonie und verleiht uns den Schild der ehernen Ruhe.«*

Im Osten: *»Seid gegrüßt, ihr Herrscher des Ostens, sei gegrüßt, Herr der Lüfte. Ihr Reiter auf den vier Winden, kommt, schützt und begleitet diese Zeremonie und verleiht uns das Schwert der klaren Unterscheidung.«*

Im Süden: *»Seid gegrüßt, ihr Herrscher des Südens, sei gegrüßt, Herr des Feuers. Ihr Geister der Flammen, kommt, schützt und begleitet diese Zeremonie und verleiht uns den Stab der magischen Kraft.«*

Im Westen: *»Seid gegrüßt, ihr Herrscher des Westens, sei gegrüßt, Herrin der Wasser. Ihr Kinder der Seen und der Flüsse, kommt, schützt und begleitet diese Zeremonie und verleiht uns den Kelch der Heilung.«*

Alle Anwesenden folgen der Blickrichtung. Zum Schluß legt die Hohepriesterin oder der Hohepriester das Athamen zuerst an die Lippen und dann ans Herz.

3. Die Anrufung der Gottheiten

Die Gottheiten sollten mit eigenen Worten angerufen werden. Deshalb handelt es sich bei allen folgenden Texten zur Anrufung der Gottheiten auch nur um Vorschläge, die Sie nach Ihren eigenen Bedürfnissen abwandeln können.

Begonnen wird mit dem *Herabziehen der Mondin*: Die Hohepriesterin steht mit dem Rücken zum Altar, den Stab in der Rechten, die Geißel in der Linken, die Arme vor der Brust gekreuzt. Der Hohepriester kniet vor ihr und verabreicht den fünffachen Kuß: auf beide Füße, auf beide Knie, auf Schoß, Brüste und Lippen.

Dabei spricht er jeweils:

»Gesegnet seien deine Füße, die dich hierher trugen.«
»Gesegnet seien deine Knie, die vor dem Heiligen Altar knien sollen.«
»Gesegnet sei dein Schoß, ohne den wir alle nicht wären.«
»Gesegnet seien deine Brüste, die in Schönheit geformt sind.«
»Gesegnet seien deine Lippen, welche die Heiligen Namen aussprechen werden.«

Hat der Hohepriester den Schoß erreicht, nimmt die Hohepriesterin die Haltung des Pentagramms ein: Arme seitlich ausgestreckt, Beine gespreizt, Körper aufrecht (Abb. S. 100). Dies wird die *»segnende Stellung«* genannt (Abb. S. 102). Nach dem fünffachen Kuß umarmen sich Hohepriester und Hohepriesterin, wobei sich ihre Füße berühren sollen (Abb. S. 104). Nun kniet der Hohepriester wieder vor der Hohepriesterin nieder, die in der segnenden Stellung verharrt, und ruft die Göttin mit folgenden Worten an:

> *»Ich beschwöre dich und rufe dich an, unser aller Mächtige Mutter, Geberin der Fruchtbarkeit; bei Same und Wurzel, bei Knospe und Stiel, bei Blatt und Blüte und Frucht, bei Leben und Liebe beschwöre ich dich, in den Körper dieser deiner Hohepriesterin und Dienerin herabzusteigen.«*

Dabei beschreibt er über Brüsten und Bauch der Hohepriesterin mit den Fingern ein absteigendes Dreieck. Immer noch kniend, breitet er die Arme aus und spricht:

> *»Heil, Göttin (Name der Göttin, wie er im Coven gebräuchlich ist), ergieße deine Liebe über uns; ich verneige mich tief vor dir und ziere mit Opfern der Liebe deinen Heiligen Schrein. Meine Lippen auf deinem Fuß …«*

Er küßt ihren rechten Fuß und fährt fort:

> *»… und mein Gebet steigt auf mit dem Rauch; so schenke uns deine Liebe, du Machtvolle, steige herab, uns zu helfen.«*

Er erhebt sich, tritt einen Schritt zurück und schaut die Hohepriesterin an. Diese zieht mit dem Stab vor sich das Pentagramm und spricht:

»Von der Dunklen und Göttlichen Mutter:
Mein ist die Geißel und mein ist der Kuß;
Der fünfstrahlige Stern der Liebe und des Glücks –
so weihe ich dich in diesem Zeichen.«

Wann immer ihr einer Sache bedürft, sollt ihr euch an einem geheimen Ort versammeln und mich in meinem Geiste verehren

Nun wendet sich der Hohepriester an die anderen Ritualteilnehmer, hebt die Arme und ruft:

»Höret nun die Worte der Großen Mutter, die von altersher unter den Menschen auch gerufen wurde Artemis, Astarte, Athene, Dione, Melusine, Aphrodite, Cerridwen, Dana, Arianhod, Isis, Braut und mit vielen anderen Namen mehr.«

(Nach jedem Namen macht er eine kleine Pause.)

Die Hohepriesterin spricht:

»Wann immer ihr einer Sache bedürft, einmal im Monat, und besser sei es zum vollen Monde, dann sollt ihr euch an einem geheimen Ort versammeln und mich in meinem Geiste verehren, mich, die ich die Königin aller Hexen bin. Dort sollt ihr euch versammeln, ihr, die ihr danach trachtet, alle Zauberei zu erlernen, ihre tiefsten Geheimnisse jedoch

noch nicht erschlossen habt. Jene werde ich diese Dinge lehren, die bisher unerkannt geblieben. Ihr sollt frei sei von der Sklaverei, und als Zeichen eurer wahren Freiheit sollt nackt ihr sein bei euren Riten, und ihr sollt tanzen, singen, feiern, musizieren und euch lieben, all dies zu meinen Ehren. Denn mein ist die Verzückung des Geistes, und mein ist auch die Freude auf Erden; denn mein Gesetz ist die Liebe zu allen Wesen. Haltet rein euer höchstes Ideal; strebt immer ihm nach; laßt nichts euch abhalten oder vom rechten Pfad hinwegführen. Denn mein ist das geheime Tor, das in das Land der Jugend führt, und mein ist der Kelch des Weins des Lebens und der Kessel der Cerridwen, welcher der Gral der Unsterblichkeit ist. Ich bin die gnädige Göttin, welche die Gabe der Freude in die Herzen der Menschen legt. Auf Erden beschere ich das Wissen um den ewigen Geist; und jenseits des Tores beschere ich Frieden, Freiheit und Vereinigung mit jenen, die euch vorangegangen sind. Auch verlange ich nicht nach Opfern, denn seht: Ich bin die Mutter alles Lebenden und ich verströme meine Liebe auf die Erde.«

Ich bin die Mutter alles Lebenden und ich verströme meine Liebe auf die Erde

Der Hohepriester spricht:

»Lauschet nun den Worten der Sternengöttin; im Staub zu ihren Füßen wandeln die himmlischen Heerscharen, und ihr Leib umfaßt das All.«

Die Hohepriesterin spricht:

»Ich, die ich die Schönheit der grünenden Erde bin und die weiße Mondin unter den Sternen und das Mysterium der Wasser und das Verlangen im Herzen der Menschen, rufe deine Seele an. Erhebe dich und komm zu mir. Denn ich bin Geist und Seele der Natur, die dem All das Leben schenkt. Aus mir entspringen alle Dinge und zu mir kehren sie zurück; und vor meinem Angesicht, von Göttern geliebt und von Menschen, laß deine tiefste göttliche Seele von der Verzückung des Unendlichen umhüllen. Möge das jauchzende Herz mich verehren; denn siehe, alle Taten der Liebe und der Freude sind Riten zu meinen Ehren. Und also lasset in euch sein Schönheit und Kraft, Macht und Mitgefühl, Stolz und Demut, Freude und Ehrfurcht. Und du, der du danach trachtest mich zu suchen, wisse, daß all dein Suchen und Sehnen vergeblich sein werden, so du das Mysterium nicht kennst; daß, so du jenes, welches du suchest, in deinem Inneren nicht finden solltest, du es im Außen nimmer finden wirst. Denn siehe, ich weile bei dir seit Anbeginn der Zeiten und bin die Erfüllung allen Verlangens.«

Aus mir entspringen alle Dinge und zu mir kehren sie zurück

Die Teilnehmer begrüßen die Ankunft der Großen Göttin mit rhythmischem Gesang:

»Isis – Astarte – Diana
Hekate – Demeter – Kali – Inanna.«

Mit der Kraft der Göttin segnet der Hohepriester nun den Wein im Kelch und läßt ihn einmal herumgehen. Jeder Teilnehmer nimmt einen kleinen Schluck davon.

Jetzt ruft der Hohepriester den Großen Gott in sich hinein, indem er spricht:

»Erbebe in gleißender Lust des Lichts!
O Mann, mein Mann!
Stürme heran aus dem Dunkel der Nacht des Pan!
Io Pan! Io Pan! Io Pan!
Über die See sollst du zu mir ziehn –
aus Sizilien, aus Arkadien – !
Komm als Bacchus mit faunisch Gelächter
mit Nymphen und Satyrn als deine Wächter.
Über die See komm herbei auf weißem Getier.
Zu mir – zu mir!
Komm mit Apollo im Brautgeschmeid,
als Priesterin oder im Hirtenkleid –
komm auf seidenen Schuhen der Artemis,
und wasch deinen Schenkel, du Gott, und – dies.
In dem Monde der Wälder auf marmornem Fels,
in der dämmrichten Höhlung des goldgelben Quells
wilden Gebetes Purpur tauch ein
in die blutrote Schlinge, den Scharlachschrein!
Der Seele unschuldig Auge erschrickt,
wenn es deine quellende Wonne erblickt,

wie sie durchsickert den Busch, den Baum
des Lebens, der ist Geist und Traum
und Leib und Hirn – komm übers Meer,
(Io Pan! Io Pan!),
Gott oder Teufel, zu mir her, zu mir her,
mein Mann! Mein Mann!
Komm mit schrillem Trompetenklang, vom Bergeshang!
Komm mit dumpfem Trommelschall vom Wasserfall!
Mit Flötenblasen und grellem Gepfeif!
Bin ich nicht reif?
Ich, der wartend und werkend sich windet,
ermattet nur Leere umarmt, die schwindet
vor meinem Zugriff, der sehnenden Brunst
meines Leibes voll Löwenstärke und Schlangenkunst –
komm herbei! Mach mich frei!
Von meiner Tumbheit und einsamen Teufelei!
Zerschlage die Fessel, die mich noch bezwingt,
du, der alles erschafft und verschlingt!
Das Zeichen des Offenen Auges gib mir!
Des dornigen Schenkels steilragend Rapier!
Heiligen Wahnsinns geheimes Panier –
o Pan! Io Pan! Io Pan! Io Pan Pan! Pan Pan! Pan,
ich bin ein Mann –
tu was du willst, wie nur ein Gott es kann,
o Pan! Io Pan! Io Pan! Io Pan Pan!

Oh, wie lange bin ich erwacht im Griff der Schlange!
Der Adler hackt, seine Krallen fassen!
Die Götter verblassen.
Dein großen Bestien kommen!
Io Pan! Auf seinem Horn
trägt mich in den Tod das Unicorn.
Ich bin Pan! Io Pan! Io Pan Pan! Pan!
Ich bin dein Weib, ich bin dein Mann,
dein Herdenbock, dem man Goldene Göttlichkeit gab,
Fleisch deinen Knochen, Blüte dem Stab.
Von Sonnenwende bis Äquinox klirrt mein Huf
auf der Härte des Felsenblocks.
Und ich reiße und rase und wüt durch die Weiten –
ewig und immer, bis ans Ende der Zeiten,
Männlein, Mägdlein, Mänade, Mann –
in der Macht von Pan.
Io Pan! Io Pan Pan! Pan! Io Pan!«

Der Hohepriester gibt die Kraft des Großen Gottes an die anderen weiter, indem er sie mit seinem Stab berührt, und zwar meist an der Nasenwurzel, also zwischen den Augen, dort, wo sich das Dritte Auge befindet.

4. Herstellen des Kraftkegels

Sobald die Energie der gerufenen Götter da ist, setzen sich die Teilnehmer in Bewegung und beginnen mit dem Kreistanz, wobei sie singen, summen, trommeln, rasseln und schreien können. Dabei wird auch eine uralte Formel gerufen:

»Eko, Eko, Azarak,
Eko, Eko, Zamilak,

Eko, Eko, Cernunnos
Eko, Eko, Aradia!«

(In der dritten und vierten Zeile werden anstatt »Cernunnos« und »Aradia« für gewöhnlich jene Namen der Gottheiten eingefügt, die der Coven zu verwenden pflegt. Auch wird die Formel meist in einen anderen, längeren, vom Coven selbst geschriebenen Text integriert.) Dies geschieht so lange, bis ein gewaltiges Kraftfeld aufgebaut ist, das meist als Kegel empfunden wird und dessen Spitze hoch über der Kreismitte in den unendlichen Himmel emporragt.

5. Hauptteil: Jahresfestritus, Einweihung, Zauber

Im Hauptteil des Rituals können Einweihungen stattfinden, die Jahresfeste gefeiert, Zauber für bestimmte Zwecke durchgeführt, Talismane und Amulette geladen und Heilungen durchgeführt werden. Dazu wird die im Kraftkegel gebündelte Energie verwendet.

6. Abschluß und Bannung

Nun folgt eine Phase der Ruhe und Entspannung, gegebenenfalls auch der Meditation. Vor allem bei den Jahresfesten beginnt nun der »gemütliche« Teil. Man verzehrt die Speisen und den Wein, plaudert miteinander, erzählt sich Witze und tut, was einem beliebt. Je lockerer, desto besser, denn der Hexenkult ist keine triste, humorlose Religion. Zum Grundritual ist noch anzumerken, daß Hohepriesterin und Hohepriester in manchen Coven die Gottheiten selbst in sich hineinrufen (invozieren). In diesen Coven ist es also nicht der Hohepriester, der die Mondin in die Hohepriesterin hinabzieht. Dieses Grundritual dient als »Klammer« für alle anderen Rituale, ob sie nun anläßlich der Sabbate, also der Jahresfeste, oder der Esbats, der monatlichen Treffen (meistens zu Vollmond) stattfinden. Da es im Sonnenjahr dreizehn Vollmonde gibt, trifft sich der Coven also mindestens dreizehn Mal. Auch das erklärt, warum die Dreizehn als »Hexenzahl« gilt. Der magische Kreis wird vor Beginn der Zeremonie oft mit Mehl, Steinen, einer Kordel oder einem Band markiert.

Das Grundritual dient als Klammer für alle anderen Rituale

Die Grade

Im Wicca-Kult gibt zwei Grade: Priesterin oder Priester und Hohepriesterin oder Hohepriester. Die Weihe zur Priesterin beziehungsweise zum Priester, also der *erste Grad*, ist identisch mit der Einweihung in den Hexenkult selbst. Es gibt bei uns also nur Priesterinnen und Priester, keine Laien. Damit wird verhindert, daß eine Priesterkaste aus dem Zugang zu den Göttern ein Monopol macht und die

»Gemeinde« ausschließt oder gar in die Abhängigkeit treibt. Das oben beschriebene Grundritual ist für die Arbeit im Coven entwickelt worden. Deshalb werden die Hauptfunktionen von der Hohepriesterin und dem Hohepriester wahrgenommen. Es ist aber auch möglich, daß kleinere Gruppen (beispielsweise ein Hexenpaar), in denen noch kein Mitglied die Weihe zur Hohepriesterin oder zum Hohepriester erlangt hat, diesen Ritus vollziehen. Zu Übungszwecken (denn natürlich muß man zur Erreichung des zweiten Grades über einige Erfahrung verfügen) können Hohepriesterin und Hohepriester ihre Ämter innerhalb des Coven für die Dauer des Rituals an entsprechende Kandidaten delegieren.

Ein Ritual gekonnt zu leiten will gelernt sein

Wir sehen daran, daß das Gradsystem im Hexenkult nicht allzu starr ist, was ja auch dem freien Wesen unserer Religion entspricht. Was macht dann den *zweiten Grad* aus? Damit wird vor allem die praktische Erfahrung einer Hexe formell anerkannt. Im Grunde ist es völlig unerheblich, welchen Grad eine Hexe innehat, wenn sie nicht auch über die dafür erforderlichen praktischen Qualifikationen verfügt. Hohepriesterin und Hohepriester leiten oft ihre eigenen Coven, und dazu gehören viel Menschenkenntnis, Einfühlungsvermögen und natürlich auch ein großes Gespür für feinstoffliche Energien und magische Zusammenhänge. Ein Ritual gekonnt zu leiten will gelernt sein. Nicht immer läuft alles so ab, wie es sich bei der Vorbereitung lesen mag, und es obliegt den Ritualleitern, diesen Prozeß im Griff zu behalten, um Pannen zu vermeiden, die der Gruppenenergie abträglich sein könnten. Deshalb dauert es in der Regel auch einige Jahre, bis einem Anfänger der zweite Grad verliehen wird. Ganz bewußt wollen wir das Ritual dieser Gradverleihung, wie wir es praktizieren, hier nur in seinen groben Grundzügen darstellen und nicht näher auf Einzelheiten eingehen. Schließlich ist es ein Ziel dieses Buches, Menschen, die sich ernsthaft für den Hexenkult interessieren, zu helfen, erste Schritte in diese Richtung zu tun – nicht aber, plötzlich einen »Boom« selbsternannter »Hexen zweiten Grades« zu provozieren, der Suchende und Anfänger nur verunsichern und in die Irre führen würde.

Wenn für Sie die Zeit gekommen ist, den zweiten Grad zu erhalten, werden die Götter auch dafür sorgen, daß dies geschieht, nicht einen Augenblick später, aber auch keine Sekunde früher! Darauf können Sie sich unbedingt verlassen. Und wer dieses Urvertrauen durch gründliche Praxis und ständige Zwiesprache mit den Göttern nicht entwickelt hat, dem steht der zweite Grad ohnehin noch nicht zu.

Wie bei fast allem, was man über den Hexenkult sagt, gibt es freilich auch beim Gradsystem eine Menge Ausnahmen. Vor allem die *Hereditaries* kennen kein formales Gradsystem und lehnen ein solches auch ab. Dennoch unterscheiden auch sie zwischen erfahrenen und unerfahrenen Hexen und haben ihre subtilen Abstufungen, einschließlich geheimer Erkennungszeichen und Zauberformeln. Doch wer aus einer echten Hexenfamilie stammt, für den gelten ohnehin in vielen Punkten ganz andere Gesetze.

Irrtümlich wird gelegentlich auch von einem »dritten Grad« im Hexenkult gesprochen. Dies beruht wohl auf dem Mißverständnis schlecht informierter Journalisten, die in den sechziger Jahren entsprechende Gerüchte in die Welt setzten. Sie bezeichneten den *Großen Ritus* als »dritten Grad«, was jedoch völlig falsch ist. In Wirklichkeit handelt es sich beim Großen Ritus um ein Ritual, in dem die Verschmelzung der Polaritäten weiblich/männlich vollzogen wird: Die Göttin vereint sich mit dem Gott, die Priesterin mit dem Priester. Dieser Ritus ist nicht einmal den Inhabern des zweiten Grades vorbehalten, jedes Mitglied des Hexenkults kann ihn mit einem anderen Mitglied durchführen. Wir werden weiter unten noch näher auf den Großen Ritus eingehen.

Die Einweihung in den Hexenkult stellt zugleich eine Aufnahme in den einweihenden Coven dar

Die Einweihung

Die Einweihung in den Hexenkult stellt zugleich eine Aufnahme in den einweihenden Coven dar. Grundsätzlich gilt, daß jede angehende Hexe, sofern sie nicht aus einer authentischen Hexenfamilie stammt, nur von einer anderen geweihten Hexe eingeweiht werden kann, in den meisten Traditionen auch nur von einer Hohepriesterin oder einem Hohepriester.

Die sogenannte »Selbsteinweihung« vor allem des *Seax Wicca* ist innerhalb des Kults sehr umstritten und soll hier nicht ausführlich behandelt werden. Sie setzt zudem eine sehr intensive Erlebnisfähigkeit voraus, die vom Anfänger nur in den seltensten Fällen aufgebracht wird. Doch ohne diese Erlebnisfähigkeit ist die ganze Zeremonie bestenfalls eine harmlose Farce, schlimmstenfalls sogar ein gefährlicher Akt der Öffnung für feinstoffliche Kräfte, die ohne hinreichende Vorbereitung verheerende Folgen haben können (Depressionen, geistige Verwirrung, psychotische Schübe, psychosomatische Erkrankungen und ähnliches). Deshalb empfehlen wir grundsätzlich, von dem Versuch einer Selbsteinweihung ohne genaue Anleitung abzusehen.

Vor der Einweihung werden die Kandidaten in der Regel einige Wochen lang in die Grundzüge des Hexenkults eingewiesen. Dabei wird zwar kein Geheimwissen des Coven preisgegeben, doch immerhin fällt die Vorbereitung so gründlich aus, daß es nach der Einweihung keine Übergangsschwierigkeiten gibt. In dieser Vorbereitungszeit fertigen die Kandidaten auch ihre wichtigsten Hexenwaffen beziehungsweise ihr Ritualzubehör an: Athamen (gegebenenfalls auch den weißen Dolch), Schwert, Kelch, Stab, Pentakel, Geißel, Robe, Räuchergefäß und die Schale zum Mischen von Wasser und Salz. Diese Gerätschaften werden zur Einweihung mitgebracht. Außerdem suchen sich die Kandidaten vor der Einweihung ihren Hexennamen aus.

Die Einweihung erfolgt gegengeschlechtlich. Die Hohepriesterin weiht männliche Kandidaten ein, der Hohepriester weibliche. Sie ist, wie alle anderen Riten auch, in das bereits geschilderte Grundritual eingebettet. Im folgenden Beispiel gehen wir von der Einweihung einer weiblichen Hexe aus. Bei der Einweihung eines Mannes ist entsprechend anders zu verfahren. Die Kandidatin wird aufgefordert, sich einer gründlichen Waschung zu unterziehen, um den Göttern in reinem Zustand gegenüberzutreten. Dann kniet sie von Beginn der

Zeremonie an nackt im Kreis vor dem Altar. Ihre Hände sind auf dem Rücken gefesselt und so mit den Füßen verzurrt, daß sie nicht aus eigener Kraft aufstehen kann. Zudem sind ihr die Augen verbunden. Auf dem Altar liegen, noch ungeweiht, ihre Ritualgerätschaften. Das Grundritual wird durchgeführt, bis die Anrufung der Götter abgeschlossen ist. Nun berührt der Hohepriester die Kandidatin mit der Spitze des Schwertes an der linken Brust und fragt:

> *»Oh du, die du an der Schwelle der gefürchteten Hüter des Alls stehst, hast du den Mut, den Übergang zu wagen?«*

Hast du den Mut den Übergang zu wagen?

Er drückt die Spitze des Schwerts fester in die Haut der Kandidatin:

> *»Denn wahrlich, es wäre besser, du stürztest dich in mein Schwert und stürbest, als es mit Furcht im Herzen zu versuchen.«*

Die darauf vorbereitete Kandidatin erwidert:

> *»Ich habe zwei vollkommene Paßworte: vollkommene Liebe und vollkommenes Vertrauen.«*

Der Hohepriester antwortet:

> *»Diese sind uns doppelt willkommen.«*

Er fährt fort:

> *»Und ein drittes Paßwort will ich dir gewähren, das dich durch das schreckliche Tor führen wird.«*

Er küßt die Kandidatin auf den Mund. Nun stellt der Hohepriester der Kandidatin die zweite Frage der Einweihung:

»Bevor du den Eid der Einweihung ableistest, frage ich dich: Bist du bereit, die Prüfung der Reinigung zu erleiden?«

Die Kandidatin antwortet:

»Ich bin bereit.«

Die Hohepriesterin schlägt die Kandidatin sieben Mal mit der Geißel, der Hohepriester 14 Mal. (Auch diese Reihenfolge wird bei einem männlichen Kandidaten vertauscht.) Mit dem letzten Hieb stellt der Hohepriester die dritte Frage der Einweihung:

»Du, die du die Prüfung der Reinigung bestanden hast, bist du bereit zu schwören, daß du unserer Hexenkunst stets treu bleiben und deine Schwestern und Brüder beschützen und ihnen beistehen wirst, und wenn es dich das Leben kostete?«

Die Kandidatin erwidert:

»Ich bin bereit.«

Der Hohepriester löst die Fesseln der Kandidatin und nimmt mit dem Strick ihr Maß vom Scheitel bis zur Sohle. (Das überschüssige Stück wird abgeschnitten.) Dabei spricht er:

»So nehme ich, o .... (Hexenname), hiermit dein Maß.«

Der Hohepriester behält das Maß in der Hand und spricht weiter:

> *»Nun sprich mir nach: Ich, ... (Hexenname), schwöre feierlich und aus freiem Willen im Beisein der mächtigen Götter, daß ich die Geheimnisse der Kunst stets bewahren und niemals preisgeben werde, es sei denn einem dafür geeigneten Menschen. Und ich schwöre all dies bei meinem Leben, wissend, daß mein Maß genommen wurde. Und mögen sich meine eigenen Waffen gegen mich richten, wenn ich meinen Eid brechen sollte.«*

Die Kandidatin spricht den Eid Satz für Satz nach.
Der Hohepriester nimmt sie am Arm, führt sie im Kreis herum und stellt sie dabei den Hütern der Wachtürme in den vier Himmelsrichtungen vor, beginnend im Norden und weiter im Uhrzeigersinn. Dabei spricht er:

> *»Höret, Ihr Herrscher der Wachtürme, daß .... (Hexenname der Eingeweihten) nun eine geweihte Priesterin und Hexe ist. Schützt sie und erleuchtet ihren Weg.«*

Unterdessen können die anderen anwesenden Hexen (mit Ausnahme der Hohepriesterin) mit dem Kreistanz beginnen und das übliche *»Eko, Eko, Azarak«* intonieren.
Nun führt der Hohepriester die Kandidatin wieder zum Altar, wo er ihr die Augenbinde abnimmt und diese zusammen mit dem Maß auf den Altar legt. Der Kreistanz endet, sobald der Kraftkegel der

Gruppenenergie hergestellt ist. Als nächstes weiht die Hohepriesterin die Ritualgerätschaften (Waffen) der neuen Hexe. (Dies tut sie auch bei der Einweihung einer männlichen Hexe.) Sie überreicht ihr die Waffen und erläutert sie.

Während der nun folgenden Feier werden gemeinsam Speisen und Getränke verzehrt, und die Kandidatin wird in den besonderen Regeln des Coven unterwiesen. Der Rest des Rituals geht seinen üblichen Gang.

Bei der Geißelung handelt es sich um einen alten Reinigungsritus, mit dem die angehende Hexe vom Schmutz des Alltags und aus der Entfremdung von den Göttern befreit wird. Sie sollte nicht zu sanft, aber auf keinen Fall zu heftig oder gar brutal durchgeführt werden. Der körperliche Schmerz war schon seit Urzeiten ein Mittel zur Bewußtseinsveränderung und zur Einweihung. Durch das Lösen der Fesseln wird die Hexe symbolisch aus dem Zustand der Unwissenheit befreit. Die Nacktheit stellt die Unschuld dar, und das Lösen der Augenbinde steht für die Erleuchtung durch das Licht, durch das Schauen der Gottheiten.

Das Maß bleibt traditionell im Besitz des Coven. Es kommt aber auch vor, daß es nach der Zeremonie an die Neueingeweihten zurückgegeben wird.

Zur *»Nachbereitung«* der Einweihung gehört, daß die neue Hexe in der nun folgenden Zeit regelmäßig an den Esbats und Sabbaten des Coven teilnimmt, von ihren Brüdern und Schwestern in die Hexenkunst eingewiesen wird und ihre magischen Fertigkeiten schult.

Der zweite Grad

Wir haben bereits erklärt, weshalb wir über Verleihung des zweiten Grads, also der Weihung zum Hohepriester beziehungsweise zur Hohepriesterin keine genaueren Einzelheiten preisgeben wollen. Geschieht die Gradverleihung rituell, was nicht immer der Fall ist, so ist dies ein sehr langwieriges Ritual, das sich über mehrere Stunden hinzieht, wie es ja oft auch Jahre dauert, bis der zweite Grad verliehen wird. Dabei werden rituell mythische Begebenheiten aus der Geschichte des Hexenkults nachgespielt und die Kandidaten werden förmlich zu Hohepriestern geweiht. Die Pflichten des zweiten Grads bestehen darin, Einweihungen durchzuführen, bei Überschreiten der vorgeschriebenen Mitgliederzahl eines Coven einen Tochtercoven aufzumachen, Rituale zu leiten und den jüngeren, noch unerfahrenen Covenmitgliedern bei ihrer Hexenkunst zur Seite zu stehen.

Die Jahresfeste

Für die Feiern der Jahresfeste gibt es keine festgelegten Rituale. Sie werden von jedem Coven individuell begangen. Deshalb wollen wir hier neben einer kurzen Darstellung ihrer Bedeutung nur ein paar Anregungen geben, wie man die Jahresfeste feiern kann. Diese Feiern bilden jeweils den Hauptteil des Grundrituals. Ausführlichere Informationen über die Jahresfeste und die damit verbundenen Bräuche finden sich in der einschlägigen Literatur. Die keltischen Bezeichnungen der Großen Sabbate wurden miteinbezogen, weil viele Hexen sie nur unter diesen Namen begehen.

Allerheiligen – keltisch: *Samhain*, 1. November
Das christliche Fest Allerheiligen ist das alte keltische *Samhain*, eine Totenfeier und der Beginn des keltischen Winters. Es handelt sich dabei um das dunkle Gegenstück zum Maifest (Walpurgis), mit dem der Frühling willkommen geheißen wird.
In alter Zeit wurde das überzählige Vieh, das aufgrund mangelnder Möglichkeiten der Futterlagerung nicht über den Winter gebracht werden konnte, abgeschlachtet und eingepökelt. Dies geschah zu *Samhain* (ein Ausdruck, der wörtlich »Sommerende« bedeutet). In angelsächsischen Ländern wird dieses Fest als Halloween gefeiert.
Es ist auch die Zeit, in der die alten Sorgen und Beschwerden im rituellen Feuer verbrannt wurden – ein Abschied in mancherlei Bedeutung des Worts.
Der Coven feiert seine Toten und die Jagd des Gottes oder der Göttin über die Dächer der Dörfer, über die Auen und Wälder. Das »Feiern« ist durchaus wörtlich gemeint: Zwar sollte das Ritual Raum für Besinnung und Meditation bieten, aber dennoch ist dies auch ein Fest des freudigen Übergangs.
Ritual- und Meditationssymbole: Tod, Friedhof, Knochen, kahle Bäume, Eiben, Efeu.

Julfest – 22. Dezember
Das Julfest ist zugleich die Wintersonnenwende, ein uraltes Fest, das mit *»Weihnachten«* als Geburt Christi erst später vom Christentum in Beschlag genommen wurde. (Der altiranische Sonnengott Mithras

wurde ebenfalls um diese Zeit geboren.) Auch die altrömischen Saturnalien fanden zu diesem Zeitpunkt statt. Wie der Begriff *»Wintersonnenwende«* schon vermuten läßt, wird hier die Geburt des neuen Lichts begrüßt. Es handelt sich also um das Gegenstück zum Mittsommerfest. Der Winter, der nun seine Mitte erreicht hat, geht jetzt zur Neige, die Kräfte des Lichts siegen über die Dunkelheit und man sieht dem Frühling freudig entgegen. Das nordische Wort *»Jul«* bedeutet *»Rad«*, und das Rad war das Symbol für dieses Fest. Es ist das Rad des Jahreszeitenlaufs, aber auch der Geburt, des Todes und der Wiedergeburt. Der Tod des Ilex-Königs (des englischen *»Holly King«*) wird jetzt zelebriert. In alter Zeit wurde sogar ein regelrechtes Menschenopfer dargebracht, damit die Natur wieder fruchtbar werden konnte. (Dieser heidnische Brauch hat zu sehr vielen Mißverständnissen Anlaß gegeben und uns Hexen fälschlicherweise den Ruf eingetragen, daß wir mit Vorliebe Säuglinge schlachten.)
Der Coven feiert die Geburt des Sonnengottes und die *»Zwölf Heiligen Nächte der Mutter«*. Geschenke werden ausgetauscht (ein Brauch, der ebenfalls weitaus älter ist als das Christentum). Die Göttin offenbart ihren Aspekt des *»Lebens im Tode«*.
Ritual- und Meditationssymbole: Krippe, Gebäck, Feuer, Tannen, Ilex (Stechpalme).

Lichtmeß – keltisch: *Imbolg* oder *Imbolc*, 1. Februar
Das keltische *Imbolg* bedeutet »im Bauch, im Schoß«. Hier rührt sich der Frühling im Schoß der Erde, es ist das Fest des wiedererwachen-

den Lichts (daher auch die christianisierte Bezeichnung »Lichtmeß« = »Lichtmesse« oder »Lichtfeier«). *Imbolg*, das Fest dieses Lichtes, ist natürlich auch das Fest der leuchtenden Mondin, welche die Aspekte der Jungfrau, der reifen Frau und der Vettel in sich vereint; das Fest der Brigid (Brid, Brigante), der strahlenden dreifachen Göttin, die auch für Fruchtbarkeit zuständig ist. (Man hat Brigid, die christliche Heilige, auch als »Maria der Gälen« bezeichnet. Sie soll von einem Zauberer großgezogen worden sein, wußte Nahrung zu vermehren und konnte unter anderem ihr Badewasser in Bier verwandeln!)
Die Lichtbraut wird mit zahllosen Kerzen und flackernden Lichtern begrüßt.
Dies ist auch die Zeit, in der Thor den Eisriesen erschlägt und das Licht seinen (für diesen Jahreszyklus) endgültigen Sieg davonträgt. In altrömischer Zeit liefen die Priester des Pan, die Luperci, an diesem Tag nur mit einem Lendenschurz aus Ziegenleder bekleidet durch die Gassen und schlugen mit ihren Ziegenlederriemen jeden, der ihnen begegnete – vor allem verheiratete Frauen, die dadurch Fruchtbarkeit erlangen sollten. Es war eine Zeit der Reinigung. (Relikte davon sind noch heute im »Frühjahrsputz« zu erkennen.)
Der Coven feiert dieses Fest als Sieg des Lichtes über die Finsternis und bringt der Göttin viel Licht dar. Die Reinigung steht ebenso im Vordergrund des Geschehens wie die Freude über das bald aufblühende Leben.
Ritual- und Meditationssymbole: Kerzen, Lichterkrone, die Lichtbraut, Stille, Schnee, Einsamkeit, Sterne, Wacholder.

Frühjahrstagundnachtgleiche – 21. März

Die »Frühlingsäquinox«, wie dieses Fest auch genannt wird, markiert den Zeitpunkt, zu dem die Welt durch die Göttin geboren wird, und fällt zeitlich in die Nähe des christlichen Ostern. (Dieses Fest war ursprünglich der germanischen Göttin Ostara geweiht – daher sein Name. Ostara ist möglicherweise eine Ableitung der babylonischen Ishtar oder Astarte oder auch der ägyptischen Aset, die erst von den Griechen zu »Isis« gemacht wurde.) Jetzt wird der Sonnengott wiedergeboren und die Natur atmet mit neuem, blühenden Leben. Es ist die Phase der beginnenden Fruchtbarkeit, die im Hexenkult ihren Höhepunkt zu Walpurgis oder *Beltane* findet. Ein Symbol dafür ist auch das Feuerrad, das nach der Tradition der Gardnerians bei dieser Feier auf den Altar gehört. Es ist sicherlich viel älter als die vergleichsweise späten Ergänzungen der Tradition durch Gardner. Auch das Osterei ist vorchristlichen Ursprungs. Es ist das Weltenei, das um diese Zeit von der Göttin gelegt und von der Hitze des Sonnengottes ausgebrütet wird, bis es aufplatzt – wie die Blüten im Frühling. Ursprünglich handelte es sich bei den Ostereiern, auch in der druidischen Tradition, um Schlangeneier, die erst später durch Hühnereier ersetzt und zu Ehren des Sonnengottes rot gefärbt wurden. Der Coven begeht dieses Fest als die Geburt der ganzen Schöpfung und wählt unter seinen Mitgliedern die Frühlingskönigin aus, die nach dem Ritual reich mit Blumen beladen nach Hause zurückkehrt.

Ritual- und Meditationssymbole: Eier, die ersten Blumen, Osterfeuer, Hase, die ersten zirpenden Vögel, Birke.

Walpurgis – keltisch: *Beltane* oder *Bealtaine*, 1. Mai

Walpurgis galt bereits in den frühen Zeiten der Hexenverfolgung durch die Christen als »schlimmes Datum«. Kein Wunder, denn es ist das Fest des Fleisches.

Das keltische *Beltane* bedeutet eigentlich »Bel-Feuer« oder, noch älter, »Baal-Feuer« (*Baal* bedeutet »Herr«). Bel-Feuer wurden auf den Hügeln entzündet, um die Rückkehr der Fruchtbarkeit und des Lebens zu feiern. Anläßlich dieses Festes findet die orgiastische Vermählung von Gott und Göttin statt, im jauchzenden Tanz der Lebensfreude und in schierer Sinnlichkeit. Mit seiner rasenden Gier nach Leben gibt der gehörnte Gott Pan hier den Ton an – in seinen vielen Gestalten, zu denen auch Dionysos und Bacchus gehören. Der Sprung über das Feuer war ein Liebeszauber. Auf diese Weise wurden Liebespartner angezogen. Im keltisch-gälischen Raum wurde nun das Vieh auf die Sommerweiden getrieben, und in Britannien endete die Schonzeit für den Hasen, das Mondtier der Fruchtbarkeit. Ungehemmte, entfesselte Sexualität stand überall im Vordergrund der Feierlichkeiten.

Der Coven feiert Walpurgis in klassischer Hexenmanier. Je nach Temperament und Neigung der Mitglieder haben hier auch fleischliche Ausschweifungen ihren Platz, wie wir sie von den berühmten Blocksbergszenen kennen. Die Hexen springen über das Walpurgisfeuer, das Fruchtbarkeit und materiellen Reichtum verheißt.

Ritual- und Meditationssymbole: Sexualität, Orgien, der Gehörnte Gott, Phallussymbole, die Eiche und als Maibaum Birke oder Fichte.

Mittsommer – 21. Juni
Dies ist ganz eindeutig ein Fest des Sonnengottes, der nun seinen Zenit erreicht hat. Heute, zur Sommersonnenwende, ist sein längster Tag. Er wird angerufen, um noch einmal die letzten Reste der Dunkelheit zu verjagen und die Fruchtbarkeit des Landes zu gewähren. Früher wurde der alte Eichenkönig zu diesem Zeitpunkt geopfert, und der neue, virilere Ilex-König (engl. »Holly King«) nahm seinen Platz ein. Auf vor Hitze flimmernden Lichtungen spielt Pan verträumt auf seiner Flöte. Dies ist der Höhepunkt, aber auch der nahende Abschied des Lichtes. Die Göttin zeigt sich in ihrem Aspekt »Tod im Leben«. Zwar pulsiert und sprießt die Erde aus vollen Kräften, doch bald wird der Zenit überschritten sein und das Reich der Dunkelheit wird erneut seinen Tribut fordern. Alles fließt. Das Leben ist ein beständiges Auf und Ab. Alles ist gut – das Licht ebenso wie die Finsternis.
Der Coven begeht dies Fest jauchzend und zugleich mit einer gewissen Wehmut, wie es der Jahreszeit entspricht. Aufgrund einer Vermischung der keltischen und der anderen europäischen Traditionen wurde Mittsommer zu einer Feier des Feuers und des Wassers. Jetzt wird viel getanzt.
Ritual- und Meditationssymbole: Feuer, Elfentanz, Kiefer, der mit Wasser gefüllte Hexenkessel, der Wiedergeburt symbolisiert.

Lammas – keltisch: *Lughnasadh*, 1. August
Das keltische *Lughnasadh* bedeutet »Lughs Gedenken«. Lugh ist der Sohn, Enkel oder Nachfolger des Licht- und Feuergottes Bel (siehe *Beltane* bzw. Walpurgis). Dabei handelt es sich um eine dem Luzifer (= »Lichtbringer«) auch etymologisch verwandte Gestalt.
Jetzt werden die Tage bereits kürzer, aber die Sommerhitze ist auf ihrem Höhepunkt. Das erste Korn ist geerntet, die Früchte werden reif. Das Wort »Lammas« wird aufgrund seines Erntebezugs gern vom englischen *loaf-mass* (= »Laibmeß«) abgeleitet, doch handelt es sich dabei wahrscheinlicher um eine Kurzform von Lughnasadh (das ungefähr »Lu-na-sah« ausgesprochen wird). Es ist ein sehr diesseitiges Fest. Die Freude am Licht, an der Wärme und am Blühen der Erde ist noch ungebrochen.
Und doch: Die Wehmut, die schon an Mittsommer zu spüren war, verstärkt sich nun zusehends. Dies ist das herbstliche Gegenstück zum Fest Walpurgis, einschließlich der Hochzeit der Götter, nur daß diese nun eher einer reifen »Spätehe« gleicht als dem übermütigen, frühlingshaften Über-die-Stränge-Schlagen. Es ist eine Erntefeier, ohne schon Erntedankfest zu sein.
Der Coven feiert mit diesem Fest die fruchtbare Erde, die Materie und die fruchtgebende Göttin. Immerhin wird nun auch der Lichtgott geopfert, Balder wird ermordet.
Ritual- und Meditationssymbole: Erde, Kornähren, Haselnuss, Blut, Lehm, die fruchtspendende Göttin.

Erntedank – Herbsttagundnachtgleiche, 21. September

Jetzt sind Tag und Nacht wieder gleich lang. Bald bricht die Finsternis herein und fordert ihren Anteil am Jahreszyklus. Dies ist das Fest der Kornmutter, der »Roggenmuhme«, die uns aus der Antike auch unter Namen wie Demeter, Kybele u. a. bekannt ist. Nun hat die Ernte ihre Vollendung gefunden. Die letzte Ähre wird stehengelassen, oft auch in Menschenform zusammengebunden als symbolisches Menschenopfer an die Kräfte der Erde, die uns alle ernährt. Es ist die Zeit des Ausgleichs, des Gleichgewichts, das nun nicht mehr lange vorhalten wird. Die nächste Station im Jahreszeitenzyklus ist Allerheiligen, das Fest der Toten, das schon seinen ersten Schatten voraus wirft. Doch zunächst gilt es, Dank zu sagen für das Erhaltene, ja für den Erhalt des Lebens überhaupt, und Abschied zu nehmen von der Sonne, die nun für lange Zeit den – notwendigen – Kräften der Finsternis unterliegen wird, damit sich die Natur von dem jährlich neuen Kraftakt des Lebens erholen kann. Im Herbst erlahmen die Kräfte des Fleisches und weichen denen des Geistes und der Intuition.

Der Coven ist in freudiger, aber nicht überschwenglicher Stimmung. Meditativ betrachten wir noch einmal die Gaben und Garben der Natur, voller Dankbarkeit für das Leben, und rüsten uns für die kommende Zeit der Dunkelheit, die der Besinnung und der Einkehr dient.

Ritual- und Meditationssymbole: Korn, Brot, Früchte, buntes Laub, Weinstock, Pappel, Trauerweide.

Als *Große Sabbate* bezeichnet man die vier keltischen Feste Samhain, Imbolg, Beltane und Lughnasadh.
Kleine Sabbate sind die vier Sonnenfeste, also die Sonnenwenden (Solstitien) im Winter und Sommer, sowie die Tagundnachtgleichen (Äquinoktien) im Frühjahr und Herbst.
Die oben gemachten Datumsangaben sind Durchschnittswerte und können je nach den astronomischen Gegebenheiten um ein bis zwei Tage schwanken. Auch sonst nahmen es die alten Heiden mit diesen Daten nicht so genau, wie wir es uns im Zeitalter der Atomuhren vielleicht vorstellen.
Damit ist das Jahr in acht Stationen eingeteilt, wie es ja auch dem natürlichen Kreislauf entspricht. Indem die Hexe diesen Kreislauf beachtet, kommt sie in Einklang mit dem Rhythmus der Natur, wie es unsere Vorfahren auch waren.

Der Große Ritus

Der Große Ritus ist die rituelle Vereinigung von Gott und Göttin, von Sonne und Mond, von Himmel und Erde. Er ist die Verschmelzung der Polaritäten, die ekstatische Vereinigung von Großem Gott und Großer Göttin, und er wird von Priestern und Priesterinnen vollzogen, die eins mit den Gottheiten geworden sind. Wir haben bereits erwähnt, daß der Hexenkult keine Körperfeindlichkeit kennt. Dies war einer der Gründe, weshalb die christlichen Kirchen ihn so erbittert verfolgten. Auch die Skandalpresse von heute versucht immer wieder, »nackte Hexen beim Satanstanz« auf ihre Titelseiten zu befördern, um mit der Sensationsgier des unkundigen Publikums hohe Auflagenzahlen zu erzielen. Nicht zuletzt deshalb sind die meisten Hexen recht zurückhaltend, wenn es um die Schilderung des Großen Ritus geht, und authentische Fotos von dieser Zeremonie sind unseres Wissens noch nie veröffentlicht worden (wohl aber zahlreiche gefälschte). Wer läßt schon gern seine intimsten Erlebnisse öffentlich in den Schmutz ziehen?

Für uns Hexen ist alles Leben ein Ausdruck der Gottheiten. Das schließt selbstverständlich auch die Sexualität ein. Wir sagen dies ohne jede Beschönigung: Sexualität und Erotik spielen für viele Anhänger des Hexenkults eine große Rolle, und die Riten wirken oft gerade durch ihre unterschwellige erotische Spannung. Der Große Ritus ist ein sexuelles Ritual, bei dem die Transzendenz auf der Ebene der Fleischlichkeit erfahren wird. Das bedeutet nicht, daß er ausschließlich körperlich vollzogen werden muß, sehr häufig wird er

auch in rein symbolischer Form zelebriert. Auch handelt es sich hier um ein Ritual, das sowohl in Anwesenheit des gesamten Coven durchgeführt werden kann, was jedoch eher die Ausnahme ist, als auch durch das beteiligte Paar allein.
Der Große Ritus wird ebenfalls in das schon bekannte Grundritual (siehe Seite 94ff.) eingebunden, das bis zur Invokation der Götter wie gewohnt abläuft.

Der *körperliche Ritus* bedarf keiner ausführlichen wörtlichen Beschreibung: Gott und Göttin vereinen sich körperlich miteinander, wie es ihrem Willen und ihrer Lust entspricht. Wichtig ist dabei, daß die Gottheiten in Priester und Priesterin präsent bleiben, daß diese also nicht plötzlich in ihr Alltagsbewußtsein abgleiten. In dieser Hinsicht gleicht der Große Ritus dem indischen Tantra, bei dem sich ja auch Gottheiten miteinander vereinen.
Doch anders als im Tantra gibt es beim Großen Ritus des Hexenkults keine vorher festgelegten Gesten, Formeln oder gar Forderungen wie das Verbot der männlichen Ejakulation. Wir Hexen stehen nämlich auf dem Standpunkt, daß es dem Willen der Götter obliegt, spontan über solche Dinge zu entscheiden – und wenn die Energien richtig fließen, stellen sich derlei Fragen ohnehin nicht. Dann handelt es sich allerdings auch um eine Erfahrung, die sich jeglicher Beschreibung mit Worten absolut entzieht, weshalb diese Ausführungen auch im Rahmen dieses Buches genügen müssen.

Der *symbolische Ritus* geschieht durch die Vereinigung von Athamen (oder Stab) und Kelch. Die Priesterin kommt von Westen und trägt dem sich ihr von Osten nahenden Priester den gefüllten Kelch entgegen. Der Priester hält Athamen oder Stab. In der Mitte des Kreises vereinen sich die beiden schweigend, indem der Priester Athamen oder Stab sanft in den Kelch stößt (Abb. Seite 133 und 135).
Geschieht dies in hinreichend intensiver Trance, so steht diese Erfahrung der körperlichen in nichts nach. Dennoch stellt jede Hexe, die mit beiden Formen des Großen Ritus gearbeitet hat, fest, daß sich die Energien jeweils anders »anfühlen«.
Möglicherweise hat die gewaltige Intensität des Großen Ritus und die Ekstase, die damit einhergeht, dazu geführt, daß man fälschlich den »dritten Grad« des Hexenkults in ihm gesehen hat. Sicherlich stellt er einen Höhepunkt in der menschlichen, rituellen und magischen Erfahrung dar, und nicht alle Hexen fühlen sich dem gewachsen.
Aus diesem Grund gibt es auch keine den Großen Ritus betreffenden Vorschriften. Weder muß eine Hohepriesterin ihn vollziehen, noch ist der Hohepriester verpflichtet ihn durchzuführen.
Kein Mitglied des Hexenkults wird gezwungen, diese Erfahrung zu machen, und es ist auch nicht festgelegt, wann der Ritus durchzuführen ist. Zwar wird er mit Vorliebe zu Walpurgis vollzogen, doch liegt die Entscheidung darüber allein bei dem betreffenden Paar.

Das Buch der Schatten

Das schon häufiger erwähnte *Buch der Schatten* war oft Gegenstand von Spekulationen. Die meisten davon gehen allerdings völlig am Kern der Sache vorbei.

Genaugenommen handelt es sich beim *Buch der Schatten* um das »Zauberbuch« einer Hexe, in dem Rituale, wichtige Formeln, Anrufungstexte und ähnliches festgehalten werden. Auch Coven können ihr eigenes, gemeinschaftliches Buch der Schatten haben. Dieses wird dann allen Einzuweihenden zum Abschreiben überreicht. (Manche Hexenkulttraditionen behaupten, sie seien im Besitz eines »uralten, seit Jahrhunderten überlieferten« Buches der Schatten, und die meisten dieser Bücher werden streng geheimgehalten.) Die Bezeichnung *Buch der Schatten* leitet sich von der Auffassung ab, daß die darin enthaltenen Aufzeichnungen nur ein profanes Schattenabbild der Realität der Anderswelt sein können. Nach dem Tod einer Hexe soll ihr persönliches Buch der Schatten von ihrem Coven verbrannt werden.

Das Buch der Schatten ist also kein festgelegtes Lehrbuch und schon gar kein allgemeingültiges Nachschlagewerk, aus dem sich die Hexenkunst durch »Trockenübungen« im Heimstudium erlernen ließe. Es ist vielmehr ein *Dokument* magischen Tuns, das im Laufe eines Hexenlebens immer umfangreicher wird.

Im Coven findet
Austausch statt,
man bekommt Rat
und Anleitung,
feiert und freut
sich des Lebens.

5. Kapitel
Der Coven

Der Coven

Ein magischer Orden im kleinen

Coven ist ein aus dem Englischen stammendes Wort, das gelegentlich, etwas irreführend, mit »Konvent« übersetzt wird. In der Tat leitet es sich vom lateinischen *conventus*, »Versammlung«, ab, doch ziehen wir es vor, hier bei der gängigeren englischen Bezeichnung zu bleiben.

Bei einem Coven handelt es sich um einen Zusammenschluß gleichgesinnter Hexen, die sich für die regelmäßige gemeinsame Arbeit entschieden haben. Man könnte den Hexencoven als eine Art »magischen Orden im kleinen« bezeichnen.

Jeder Coven ist völlig autonom und hat seine eigenen Regeln und Gesetze. Es gibt, wie bereits erwähnt wurde, im Hexenkult keine zentrale Autorität, welche den einzelnen Zellen vorschreiben könnte, was sie zu tun oder zu lassen haben. Nicht einmal die Namen der Götter sind festgelegt, und in der Tat kennt fast jeder Coven seine eigenen geheimen, offenbarten Götternamen.

Traditionell besteht ein Coven aus maximal dreizehn Mitgliedern, und überhaupt ist die Dreizehn die »Zahl der Hexen«. (Übrigens einer der Gründe, sagen unsere Überlieferungen, weshalb die Dreizehn vom Christentum zur »Unglückszahl« erklärt wurde.) Der Text aus Lelands Aradia, den wir auf Seite 42 im ersten Kapitel zitiert haben, zählt insgesamt dreizehn magische Fähigkeiten auf, die der Hexe durch die Göttin beziehungsweise durch ihre Tochter übertragen werden, das Mondjahr hat dreizehn Monate und so weiter. Diese vergleichsweise kleine Mitgliederzahl macht die Arbeit des Coven überschaubar, was für die Praxis von größter Bedeutung ist, denn auf diese Weise lassen sich manche unnötigen Spannungen vermeiden oder leichter wieder glätten. In der Tat gibt es nur wenige Coven, die mehr Mitglieder haben, aber sehr viele, die weniger zählen. Es ist eben nicht so leicht, Gleichgesinnte zu finden, denen man einerseits vertrauen und mit denen man andererseits konstruktiv zusammenarbeiten kann.

Geleitet wird der Coven meistens von einer Hohepriesterin und einem Hohepriester

Geleitet wird der Coven meistens von einer Hohepriesterin und einem Hohepriester. Oft steht ihm auch nur eine Hohepriesterin vor. Die Wahl der Leitung erfolgt nicht unbedingt demokratisch: Jeder, der über entsprechende Qualifikationen verfügt (sei es durch formelle Einweihung oder durch angeborene oder angeeignete Fähigkeiten – im Idealfall durch beides), kann einen eigenen Coven gründen, sofern sich genügend Mitglieder finden.

Zahlreiche Coven haben strenge Regeln, was die Mitgliedschaft betrifft. Beispielsweise fordern einige, daß ihre Mitglieder nicht weiter als drei, sechs oder neun Meilen voneinander entfernt wohnen dürfen, damit sie stets sofort miteinander in Kontakt treten können. Auch soll ein Coven mindestens drei Meilen vom nächsten Coven entfernt sein, damit es nicht zu Revierstreitigkeiten kommt. Die meisten Coven sind allerdings nicht ganz so kompromißlos. Andererseits muß man wissen, daß die Coven früherer Zeiten nur aus Mitgliedern bestanden, die in ein und demselben Dorf oder bestenfalls in Nachbardörfern lebten, da die Reisewege damals weitaus mehr Zeit in Anspruch nahmen als heute.

Unter sehr fortgeschrittenen Hexen kann der Sabbat oder Esbat rein astral, also nur auf der feinstofflichen Ebene stattfinden

Die meisten Hexen gehen jedoch mit der Zeit und berücksichtigen die städtische Zersiedelung unserer Epoche. So kann es vorkommen, daß die Mitglieder eines Coven über das ganze Land verstreut sind und sich nur wenige Male im Jahr vollzählig treffen. Dies ist freilich ein Extrem, das nicht sehr sinnvoll erscheint, da die regelmäßige Arbeit (meist wöchentlich oder vierzehntägig, mindestens aber zu Vollmond, also einmal im Monat) sowohl individuell als auch in der Gruppe sehr wichtig ist.

Nur unter sehr fortgeschrittenen Hexen kann der Sabbat oder Esbat, wie wir unsere Zusammenkünfte nennen, rein astral, also nur auf der feinstofflichen Ebene stattfinden. Die Beschränkung auf dreizehn Mitglieder hat Vor- und Nachteile, auf die wir hier nicht im einzelnen eingehen wollen und können. Immerhin wird auf diese Weise gewährleistet, daß jeder den anderen sehr gut kennt, und auch Hohepriesterin oder Hohepriester können sich ein besseres Bild von den Hexen machen, die sich ihrer Leitung anvertrauen.

Wundern Sie sich nicht, wenn Sie Schwierigkeiten haben, einen echten, praktizierenden Hexencoven ausfindig zu machen. Die meisten dieser Gruppen arbeiten im Geheimen und wünschen keine Störung durch Außenseiter. Der Hexenkult ist auch harte Arbeit am Selbst, und die Rituale und Zauber verlangen volle Konzentration, was erklärt, warum Zuschauer nur Ablenkung bedeuten würden. Oft kommen Journalisten zu uns, die gern einmal »bei einem Ritual mitmachen« würden. Wir, die Autorinnen und Autoren dieses Buches, lehnen solche Gesuche grundsätzlich ab, und zwar aus mehreren Gründen. Erstens wegen der schon erwähnten Störung. Das Leben ist zu kurz, um ein Ritual darauf zu »vergeuden«, einem Außenstehenden alles minuziös erklären zu müssen. Zweitens haben einige von uns sehr schlechte Erfahrungen mit der Presse gemacht. Auch wenn am Anfang alles nach Wohlwollen und Objektivität aussah, staunte man oft darüber, wie verzerrt und feindselig die gedruckten Berichte hinterher ausfielen. Und drittens gilt das Gebot der Geheimhaltung für die allermeisten seriösen Hexen.

Der Hexenkult ist auch harte Arbeit am Selbst, und die Rituale und Zauber verlangen volle Konzentration

Diese Geheimhaltung darf nicht mit Geheimniskrämerei verwechselt werden. Zudem bezieht sie sich nicht auf angewandte Techniken und Rituale (sonst wäre dieses Buch nie geschrieben worden), sondern vielmehr auf die Namen von Kultmitgliedern, auf offenbarte Namen der Gottheiten und auf offenbarte Zauber, die durch Preisgabe an Dritte einen Teil ihrer Mächtigkeit einbüßen würden.

Man darf auch nicht vergessen, daß der Coven für seine Mitglieder ein Hort des Schutzes, der Verschwiegenheit und des Vertrauens ist in einer Welt, die dem Hexentum fast ausnahmslos feindselig gegenübersteht. Schon aus diesem Grund werden die Aufnahmekandidaten sehr sorgfältig geprüft, damit ein Höchstmaß an Harmonie gewährleistet ist.

Die Annahme des Hexennamens dient nicht zuletzt dem Schutz der Hexe

Auch die Annahme des *Hexennamens* (auch: *Covenname*) dient nicht zuletzt dem Schutz der Hexe. Auf diese Weise kann man, vor allem bei Zusammenkünften mit anderen Gruppen, auf Wunsch anonym bleiben. Doch ist dies nicht der Hauptgrund für diese Praktik. Der Name ist auch das Motto der Hexe. Oft ist es der Name einer historischen oder mythischen Person (Merlin, Viviane, Seni, Aradia usw.), also eines Vorbilds, dem sie als Hexe nacheifern will. Zusätzlich gibt es noch den *geheimen Namen*, der niemandem (oder nur sehr wenigen ausgesuchten Menschen) offenbart wird und den die Hexe nur in der unmittelbaren Zwiesprache mit den Göttern führt, entweder wenn sie allein arbeitet oder in der stummen Meditation. Solche Namen (es können auch mehrere Namen für ein und dieselbe Person sein) werden in Trance offenbart, und eine gute Hexe wird sie mit ins Grab nehmen, ohne sie jemals preiszugeben.

Der Coven stellt auch den »gesellschaftlichen Mittelpunkt« für jene Hexen dar, die es nicht vorziehen, allein zu arbeiten. Im Coven findet ein Austausch zwischen Gleichgesinnten statt, man findet Rat und Anleitung, feiert und freut sich des Lebens. Viele Zauber erfordern die Gruppenarbeit, weil die Energie der Gruppe in der Regel stärker und vielseitiger ist als die des Einzelnen, und dafür bietet der Coven den richtigen Rahmen.

Natürlich kommt es selbst im harmonischsten Coven gelegentlich zu Spannungen und Streitigkeiten, wie in jeder anderen Gruppe auch. Aufgabe der Covenleiter ist es dann, diese Streitigkeiten auf möglichst konstruktive Weise zu schlichten. Wer den zweiten Grad innehat, kann sich aber auch von seinem Coven lösen und einen eigenen »Tochtercoven« gründen.

Neugründungen basieren jedoch in der Regel nicht auf Streitereien, sondern bieten sich immer dann an, wenn ein Coven aufgrund regen Zuspruchs die festgelegte Mitgliederhöchstzahl zu überschreiten droht. Dann bleibt der Tochtercoven dem Muttercoven freundschaftlich verbunden (man feiert gelegentlich auch gemeinsam Sabbate), ist aber völlig autonom und entwickelt mit der Zeit eigene Traditionen. Abgesehen von Einweihungen, von Übungsarbeiten, die der Schulung und der Erweiterung des Erfahrungshorizonts dienen, den monatlichen Esbats und den gemeinsam begangenen Jahresfesten oder Sabbaten, obliegt es dem Coven auch, Gemeinschaftsrituale bei *Hochzeit, Geburt und Tod* durchzuführen. Drei Beispiele wollen wir nun vorstellen.

Wer den zweiten Grad innehat, kann sich von seinem Coven lösen und einen eigenen Tochtercoven gründen

Die Hexenhochzeit

Die Zeremonie der Hexenhochzeit wird im englischen und im deutschen Wicca-Kult auch als *handfasting* bezeichnet, was soviel bedeutet wie »das Zusammenschließen der Hände«. Es handelt sich dabei um ein rituelles *Miteinanderverbinden* zweier Hexen, die den Ehebund eingehen wollen.

Manche Hexenehen werden probeweise auf Zeit (ein Jahr und einen Tag) geschlossen. Auf jeden Fall handelt es sich nicht um eine Bindung, die notgedrungen bis zum physischen Tod der Beteiligten aufrechterhalten werden muß.

Die Hexenehe kann folglich im gegenseitigen Einvernehmen wieder aufgelöst werden. Dies geschieht durch die Zeremonie des *handparting* (das »Lösen der Hände«), die von derselben Hohepriesterin und demselben Hohepriester durchgeführt wird, die auch die Zeremonie der ursprünglichen Verbindung geleitet haben.

Vorbereitung des Rituals

Das Grundritual wird bis zum Hauptteil durchgeführt. Es ist nach Westen ausgerichtet, wo der mit Blumen gefüllte Kessel steht. Der Westen gehört zum Element Wasser, welches für das Emotionale (hier: Liebe) steht.

Neben dem Altar steht der Hexenbesen. Im Nordosten bleibt der mit Blumen ausgelegte Kreis zunächst noch offen. Braut und Bräutigam warten außerhalb des Kreises, bis alle Vorbereitungen für das Ritual abgeschlossen sind.

Hauptteil des Rituals

Die Hohepriesterin führt den Bräutigam, der Hohepriester die Braut mit einem Kuß in den Kreis. Dann schließt der Hohepriester den Kreis mit Blumen und die Hohepriesterin beendet die Schließung mit Athamen oder Schwert.

Hohepriesterin und Hohepriester stehen mit dem Rücken zum Altar, vor der Hohepriesterin der Bräutigam, vor dem Hohepriester die Braut, beide in der Mitte des Kreises.

Nun fragt die Hohepriesterin den Bräutigam:

> *»Wer bist du, Mann, der du gekommen bist, um in Gegenwart der Großen Göttin* (oder coveninterner Name der weiblichen Gottheit) *mit deiner Gemahlin verbunden zu werden?«*

Der Bräutigam antwortet:

> *»Mein Name ist ....* (Covenname).*«*

Der Hohepriester fragt die Braut:

> *»Wer bist du, Frau die du gekommen bist, um in Gegenwart des Großen Gottes* (oder coveninterner Name der männlichen Gottheit) *mit deinem Gemahl verbunden zu werden?«*

Die Braut antwortet:

> *»Mein Name ist ....* (Covenname).*«*

Hohepriesterin und Hohepriester sagen gemeinsam:

> *».......... und ...., wir heißen euch in unserem Kreis willkommen.«*

Die Mitglieder des Coven vollführen einen Kreistanz um das Brautpaar und nehmen danach wieder Platz. Der Hohepriester spricht den *»Ruf der Großen Mutter«* aus dem Grundritual.

Die Hohepriesterin legt zunächst dem Bräutigam, danach der Braut die Hand auf und spricht danach:

> *»Im Namen der Großen Göttin* (oder s. o.)*, ich binde euch aneinander, auf daß ihr eins werdet in eurer Liebe, auf daß ihr die Worte der Göttin vernehmt in euren Herzen. Denn ich bin die Mondin, die aufgeht und leuchtet und stirbt, der Wandel der Zeiten, die Flut und die Ebbe, das Glück und die Pein. Göttin bin ich der Sanftmut und Liebe, ich umfasse euch in Schmerz und in Freud. Seid eins miteinander, seid eins in meinem Namen.«*

Die Hohepriesterin nimmt den Kelch mit dem geweihten Wein vom Altar, kostet davon und reicht ihn dem Bräutigam mit den Worten:

> *»Mögest du in jeder Frau das Antlitz der Großen Göttin erkennen. Mögest du sie ehren, die dich gebar und dir das Leben schenkte, die dir Mutter ist und Geliebte und Gemahlin.«*

Der Bräutigam trinkt von dem Wein und spricht:

> *»So soll es sein.«*

Die Hohepriesterin wendet sich an die Braut und spricht:

> *»Tochter der Großen Göttin, mögest du ihr Ehre machen und das Gefäß sein, aus dem sie ihre Kraft verströmt. Sei diesem Manne Mutter, Geliebte und Gemahlin.«*

Die Braut trinkt von dem Wein und spricht:

»So soll es sein.«

Die Hohepriesterin stellt den Wein auf dem Altar ab. Der Hohepriester legt zunächst der Braut, danach dem Bräutigam die Hand auf und spricht:

»Im Namen des Großen Gottes (hier kann auch der coveninterne Name der männlichen Gottheit genannt werden), *ich binde euch aneinander, auf daß ihr eins werdet in eurer Kraft, auf daß ihr die Worte des Gottes vernehmt in euren Herzen.*
Denn ich bin die Sonne, die aufgeht und leuchtet und stirbt, der Wandel der Zeiten, der Frühling, der Sommer, der Herbst und der Winter, die Ernte und Dürre. Gott bin ich der Stärke und Macht, ich umfasse euch in Schmerz und in Freud. Seid eins miteinander, seid eins in meinem Namen.«

Der Hohepriester nimmt den Kelch mit dem geweihten Wein vom Altar, kostet einmal davon und reicht ihn dann der Braut mit den Worten:

»Mögest du in jedem Manne das Antlitz des Großen Gottes erkennen. Mögest du ihn ehren, der dich zeugte und dir das Leben schenkte, der dir Vater ist und Geliebter und Gemahl.«

Die Braut trinkt von dem Wein und spricht:

»So soll es sein.«

Der Hohepriester wendet sich an den Bräutigam und spricht:

»Sohn des Großen Gottes, mögest du ihm Ehre machen und das Gefäß sein, aus dem er seine Kraft verströmt. Sei dieser Frau Vater, Geliebter und Gemahl.«

Der Bräutigam trinkt von dem Wein und spricht:

»So soll es sein.«

Der Hohepriester stellt den Wein auf dem Altar ab. Nun nimmt die Hohepriesterin den Bräutigam an der Hand, der Hohepriester die Braut. Die Hände der beiden werden vereint. Die Hohepriesterin spricht, und der Bräutigam spricht ihr nach:

»Im Namen der Großen Göttin: Ich .... (Covenname des Bräutigams) *nehme dich* .... (Covenname der Braut) *mit Herz und Hand an mich, sei du meine Mondin, die mir den Weg leuchtet in der Nacht. Ich will dein Freund sein und dein Beschützer, dein Sohn und dein Vater, vor allem aber dein Gemahl und Gefährte in Zeiten des Glücks und des Unglücks. Meine Kraft sei die deine, dein Streben sei das meine.«*

Der Hohepriester spricht, und die Braut spricht ihm nach:

»Im Namen des Großen Gottes: Ich .... (Covenname der Braut) *nehme dich* .... (Covenname des Bräutigams) *mit Herz und Hand an mich, sei du meine Sonne, die mir den Weg leuchtet bei Tag. Ich will deine Freundin sein und deine Beschützerin, deine Tochter und deine Mutter, vor allem aber deine Gemahlin und*

Gefährtin in Zeiten des Glücks und des Unglücks. Meine Kraft sei die deine, dein Streben sei das meine.«

Die Hohepriesterin spricht:

»Einheit ist Ausgleich, Ausgleich ist Einheit.«

Der Hohepriester spricht:

»Sonne und Mond seien unsere Zeugen, ebenso unsere Brüder und Schwestern im Kreise: .... (Covenname des Bräutigams) *und* .... (Covenname der Braut) *sind nunmehr im Angesicht des Großen Gottes und der Großen Göttin vereint. Mögen die Götter sie segnen, wie wir es tun.«*

Alle Anwesenden sprechen im Chor:

»So soll es sein!«

Das Brautpaar wird von allen umarmt. Danach nimmt die Hohepriesterin den Hexenbesen und legt ihn vor dem Paar auf den Boden. Hand in Hand springen die Brautleute über den Besen. Nun vollführt das Brautpaar den Großen Ritus. Dies kann in symbolischer oder körperlicher Form geschehen, das bleibt dem Paar überlassen. Will das Paar den Großen Ritus körperlich ausführen, kann es dies in Anwesenheit des Coven tun oder in einem vorher dafür vorbereiteten, abseits gelegenen Zimmer. In letzterem Fall werden die beiden von Hohepriester und Hohepriesterin zum Brautbett geführt. Der restliche Coven begleitet die Brautleute bis an die Tür des Brautgemachs und zieht sich danach zusammen mit Hohepriester und Hohepriesterin wieder zurück.

Nach Vollzug des Großen Ritus verteilt das Brautpaar kleine Geschenke an die Anwesenden, und der formlose Teil der Feier beginnt. Wahlweise können die Brautleute während der Zeremonie Ringe oder sonstige symbolische Gegenstände austauschen, die ihre Verbundenheit dokumentieren.
Sollte sich das Paar aus irgendeinem Grunde entschließen, die Hexenehe zu beenden, wird der Coven erneut zusammengerufen. Das Ritual, das dann durchgeführt wird, entspricht sinngemäß dem oben angeführten, nur daß damit die Bindung feierlich wieder aufgehoben wird. Es ist wichtig, daß dies ohne Haß und Wut, ohne Bitterkeit und Groll geschieht. Magische Bindungen sind außerordentlich stark und nachhaltig und man sollte nicht leichtfertig damit umgehen. Deshalb sollten beide Partner in Frieden, gegenseitigem Respekt und Liebe auseinandergehen und nicht in Zank und Trauer. Es gibt eben eine Zeit zu leben und eine Zeit zu sterben, eine Zeit der Freude und eine Zeit der Trauer, eine Zeit der Bindung und eine Zeit der Lösung.

Geburt: Die Hexentaufe

Anders als die christliche Taufe dient das Hexenritual nach der Geburt eines Kindes (im Wicca-Kult wird dies als *Wiccaning* bezeichnet) nicht dazu, dieses Kind für alle Zeit dem Hexenkult zu verschreiben. Vielmehr sollen die Götter auf diese Weise gebeten werden, über das Kind zu wachen. Außerdem soll dem Kind in ritueller Form die Liebe seiner Eltern und der anderen Covernmitglieder vermittelt werden. Selbstverständlich wird das Kind später nicht vom Hexenkult ferngehalten, doch weiß jede wahre Hexe, daß Religion nicht aufgezwungen werden darf (das hat uns unsere eigene Geschichte immer wieder vor Augen geführt). Daher muß das Kind eines Tages selbst entscheiden, ob es den Weg des Hexenkults weitergehen will oder nicht. Das folgende Ritual wurde in seinen Grundzügen von den englischen Wiccas Janet und Stewart Farrar entwickelt.

Vorbereitung des Rituals

Die Hohepriesterin trägt Mondsymbole, der Hohepriester Sonnensymbole. Der Kreis wird mit Blumen ausgelegt, der mit Blumen gefüllte Kessel steht in der Mitte. Auch Ährengarben und Obst können als Schmuck verwendet werden. Auf dem Altar steht Öl zur Salbung, daneben liegen Geschenke für das Kind. Speisen und Getränke für die anschließende Feier stehen ebenfalls bereit. Die Eltern können für das Kind einen geheimen Hexennamen auswählen, den es später verwenden kann.

Hauptteil des Rituals

Das Grundritual wird bis zum Hauptteil durchgeführt. Alle bis auf Hohepriesterin und Hohepriester sitzen am Boden. Nun wird der Wein geweiht. Handelt es sich bei dem Kind um einen Jungen, so wird dieser von der Hohepriesterin geweiht, ist es ein Mädchen, so weiht es der Hohepriester. Die Hohepriesterin (wir gehen in diesem Beispiel von der Weihe eines männlichen Kinds aus) stellt sich mit dem Gesicht zum Kessel vor dem Altar auf und spricht:

> *»Wir bitten die Göttin und den Gott, dieses Kind ....* (Name des Kindes), *den Sohn von .... und ....* (Namen der Eltern) *zu segnen. Mögen ihm Kraft und Schönheit, Freude und Weisheit beschieden sein. Viele Wege führen zum Ziel. Mögen die Götter, denen kein Weg verborgen bleibt und zu denen alle Wege führen, dieses Kind beschützen und es darauf vorbereiten, seinen eigenen Weg zu finden und diesem einst furchtlos zu folgen. ...., Mutter des ...., bring dein Kind herbei, auf daß es gesegnet werde.«*

(Die Mutter folgt der Aufforderung.) Die Hohepriesterin nimmt das Kind fest und beruhigend in die Arme. Sie fragt:

> *» ...., Mutter des ...., hat dein Kind auch einen geheimen Namen?«*

Die Mutter antwortet gegebenenfalls: *»Ja.«* (Der Name wird nicht offenbart. Statt dessen wird der Name ausgesprochen, unter dem das Kind dem Coven bekannt sein soll.)

Die Hohepriesterin salbt die Stirn des Kindes mit dem Öl, das ihr der Hohepriester reicht, indem sie ein Pentagramm zieht, und spricht:

> *»Ich salbe dich* .... (bürgerlicher Name) *mit Öl und verleihe dir den Namen* (Covenname).«

Als nächstes salbt die Hohepriesterin die Stirn des Kindes mit dem Wein, den ihr der Hohepriester reicht, indem sie das gleiche tut wie zuvor, und spricht:

> *»Ich salbe dich* .... (Covenname) *mit Wein im Namen des Gehörnten* (oder coveninterner Name der männlichen Gottheit).«

Nun wiederholt sie das Ganze mit Wasser und spricht:

> *»Ich salbe dich* .... (Covenname) *mit Wasser im Namen der Großen Göttin* (oder coveninterner Name der weiblichen Gottheit).«

Jetzt überreicht die Hohepriesterin das Kind wieder der Mutter und führt sie zu jedem der Wachtürme, wobei sie jeweils spricht:

> *»Ihr Herren der Wachtürme des Ostens* (Südens, Westens, Nordens), *wir bringen euch* .... (Covenname des Kindes) *geweiht in diesem Hexenkreis. Er steht unter dem Schutz des Großen Gottes und der Großen Göttin.«*

Nun stellen sich Hohepriesterin und Hohepriester mit dem Gesicht zum Altar auf, dazwischen die Mutter mit dem Kind, heben abwechselnd die Arme und sagen:

Hohepriesterin:

> *»Mächtige Große Göttin* (oder coveninterner Name der

weiblichen Gottheit), *verleihe diesem Kind die Gaben der Sanftheit und der Schönheit.«*

Hohepriester:

»Mächtiger Großer Gott (oder coveninterner Name der männlichen Gottheit), *verleihe diesem Kind die Gaben der Stärke und der Ausdauer.«*

Hohepriesterin:

»Mächtige Große Göttin (oder s. o.), *verleihe diesem Kind die Gaben der Liebe und der Anmut.«*

Hohepriester:

»Mächtiger Großer Gott (oder s. o.), *verleihe diesem Kind die Gaben der Weisheit und der Einsicht.«*

Jetzt spricht die Hohepriesterin:

»Die Große Göttin und der Große Gott haben dieses Kind gesegnet; die Herren der Wachtürme haben es anerkannt; wir als seine Freunde haben es willkommen geheißen. Möge das Licht der Sterne sein Schicksal mit Wohlwollen bescheinen. So soll es sein.«

Alle sagen im Chor:

»So soll es sein.«

Die Hohepriesterin fordert die Teilnehmer auf, Platz zu nehmen, kostet zusammen mit dem Hohepriester den geweihten Wein und das Brot und reicht es den anderen wie gewohnt. Nun beginnt der formlose Teil der Zeremonie. Die Geschenke werden geholt, ebenso die Speisen und Getränke, und man geht zur lockeren Feier über.

Manche Hexen ziehen es übrigens vor, nicht nur die Mutter des Kindes in das Ritual einzubeziehen, sondern auch den Vater, der dann ebenfalls im Kreis herumgeführt wird und so weiter.
Auch eine Weihung von »Paten« kann in das Ritual integriert werden. Die Paten werden dann von Hohepriesterin oder Hohepriester namentlich genannt und aufgefordert, liebevoll über das Kind zu wachen und ihm mit allen ihnen zur Verfügung stehenden Mitteln zu helfen, dereinst seinen eigenen Weg zu finden.

Tod: Das Ritual der Abschiednahme

Für uns Hexen ist der Tod nichts, was man fürchten müßte. Es ist ein Übergang in die Anderswelt, ein Abschied von dieser sterblichen Hülle und der Aufbruch zu neuen Ufern der Erfahrung.
Die meisten von uns sind überzeugt von der Reinkarnation, und die Möglichkeit, daß wir einem Mitglied unserer Gruppe in einem anderen Leben wiederbegegnen, erscheint uns selbstverständlich.
Das bedeutet freilich nicht, daß wir nicht trauern, wenn einer der Unsrigen von uns geht. Doch trauern wir nicht um den Verstorbenen, so wenig wie man um einen Freund trauert, der eine lange Reise antritt. Es ist vielmehr die Trauer um unseren eigenen Verlust, die wir bewältigen müssen. (Die moderne Psychologie spricht völlig zu Recht von Trauerarbeit.) Dies tun wir, indem wir erkennen, daß mit jedem abgeschlossenen Kapitel ein neues beginnt, denn das Leben kennt keinen Stillstand.

Vorbereitung des Rituals

Wie es sich für ein Unterweltritual geziemt, werden Kreis und Altar in dunklen Farben geschmückt, zum Beispiel mit Trockenblumen, die der Jahreszeit entsprechen sollten. Nur auf dem Altar steht ein Strauß mit frischen Blüten. Der Kessel ist ebenfalls mit getrockneten Pflanzen geschmückt und mit Brennmaterial gefüllt. Auf dem Altar liegt, falls es zur Verfügung steht, das persönliche Buch der Schatten des oder der Verstorbenen, eine Tonfigur, die ihn oder sie symbolisiert und mit dem Maß umwickelt ist, und ein Hammer.

Hauptteil des Rituals

Das Grundritual wird bis zum Hauptteil durchgeführt. Dann stellen sich Hohepriesterin und Hohepriester mit dem Rücken zum Altar vor dem versammelten Coven auf.

Die Hohepriesterin spricht:

> »*Wir haben uns heute in Trauer versammelt. In Trauer, denn* .... (Covenname des oder der Verstorbenen) *ist von uns gegangen und hat seine* (bei einer Verstorbenen natürlich ›ihre‹, das gilt auch im folgenden) *sterbliche Hülle verlassen.*«

Der Hohepriester spricht:

> »*Wir haben uns heute aber auch in Freude versammelt. In Freude, denn* .... (s. o.) *ist aufgebrochen zu neuen Ufern und setzt sein Leben nun in der Anderswelt fort.*«

Die Hohepriesterin spricht und beginnt dabei mit dem symbolischen Spiraltanz gegen den Sonnenlauf. Der Coven tut es ihr gleich, nur der Hohepriester bleibt am Altar:

> *»Wir nehmen Abschied von dir,...........* (Covenname des oder der Verstorbenen), *und flehen den Segen der Göttin und des Gottes auf dich herab. Mögest du Ruhe finden und Rast, bis die Zeit gekommen ist, da du eine neue sterbliche Hülle anlegst, um einmal mehr wiedergeboren zu werden und die Freuden des Lebens auf Erden zu kosten. Und also weicht die Trauer von uns.«*

Der Spiraltanz wird immer lebhafter, während der Hohepriester ruft:

> *»Wir rufen dich, Ama, dunkle unfruchtbare Mutter der Unterwelt. Du, zu der alles Leben zurückkehren muß wie das Wasser ins Meer. Dunkle Mutter der Ruhe und der dunklen Stille, vor der wir Menschen zittern, weil wir dich nicht kennen. Wir rufen dich, die du auch Hekate bist, die finstre Mondin, die Herbe, die scheinbar so Grausame. Alles Leben ist Kommen und Gehen, ist Willkomm und Lebwohl, und da wir dies wissen, wissen wir auch, daß wir dich nicht zu fürchten brauchen, denn dein Schlund ist Verheißung, dein Verlust ist Wiederkehr. Nimm an unseren Bruder* .... (Covenname des oder der Verstorbenen) *und führe ihn wohl in die Anderswelt, Mutter der Weisheit und des Todes, die Leben hervorbringt.«*

Der Hohepriester nimmt die Tonfigur und den Hammer sowie, falls vorhanden, das persönliche Buch der Schatten des Verstorbenen auf und schreitet damit in die Mitte der Spirale, wo er alles vor dem Kessel niederlegt. Die Hohepriesterin gibt ein Signal, worauf der Tanz beendet wird und alle sich mit dem Gesicht zum Kessel im Kreis aufstellen. Nun kniet der Hohepriester vor der Tonfigur nieder, während die Hohepriesterin den Kelch vom Altar nimmt (Abb. S. 159) und sich neben den Kessel stellt.

Der Hohepriester entzündet das Brennmaterial im Kessel und spricht:

> *»..........* (s. o.), *Sohn des Lebens, der du nun deine Reise in die Anderswelt angetreten und Abschied genommen hast von deiner sterblichen Hülle – Lebwohl!«*

Er zerschmettert die Tonfigur und zerteilt das Maß mit seinem Athamen (Abb. S. 161). Dann erhebt er sich und gibt die Scherben und die Reste des Maßes in den brennenden Kessel.

(Wenn das Buch der Schatten zur Verbrennung bereitsteht, hält der Hohepriester es hoch und spricht:

> *»Möge die Weisheit dieses deinen Lebens dich im nächsten und in allen folgenden begleiten.«*)

Alle sprechen im Chor: *»So soll es sein.«*
(Der Hohepriester wirft das Buch der Schatten in die Flammen.)

Der Hohepriester spricht:

»Wir rufen dich, Aima, helle fruchtbare Mutter, Schoß der Wiedergeburt, dem alles Leben entspringt wie das Wasser der Quelle. Lichte Mutter der Helligkeit und des freudigen Tanzes der Schöpfung. Wir rufen dich, die du auch Persephone bist, die in die Unterwelt hinabstieg, die wachsende Mondin, die Liebliche, die das Leiden kennt. Nimm unseren Bruder .... (s. o.) *an und führe ihn wohl in die Anderswelt, zu neuer Geburt, zu neuem Leben. Und gewähre ihm, daß er auch in diesem neuen Leben Liebe findet und Schutz, wie wir ihn liebten und beschützten in der Not.«*

Die Hohepriesterin gießt Wein aus dem Kelch in den Kessel, jedoch ohne das Feuer zu löschen, und spricht dabei:

»Ich reinige dich mit den Wassern der Unterwelt und der Wiedergeburt. Ziehe hin in Frieden und erkenne, daß du bist, der du bist.«

Alle sprechen im Chor: *»So soll es sein!«*

Nachdem das Feuer ausgebrannt ist, wird die Asche gesammelt und dann von der Hohepriesterin in fließendes Wasser (vorzugsweise in einen Bach oder Fluß) gestreut mit den Worten:

»Kehre zurück zu den Elementen, aus denen du stammst.«

Gute Magier bedienen sich ausnahmslos ganz schlichter Techniken und Mittel.

6. Kapitel

Hexenzauber

Hexenzauber
Die Magie des Hexenkults

Kein Zauberrezept ist wirksam, wenn Imagination und Konzentration der ausübenden Hexe nicht entsprechend entwickelt sind. Nur in einem veränderten Bewußtseinszustand lassen sich die Kräfte der Magie wirklich nutzen. Der Schlüssel zu diesem Bewußtseinszustand ist die magische Trance.

Auch das Talent spielt dabei eine gewisse Rolle, die in der magischen Literatur freilich oft überschätzt wird. Nicht jeder Hexenkultanhänger ist auch eine große Zauberin oder ein sehr guter Zauberer. Dennoch läßt sich magisches Talent, und das besitzt jeder Mensch, schulen und trainieren. Als »wirkliche« Hexe kann man deshalb nach Auffassung vieler von uns nur jemanden bezeichnen, der oder die auch über magische Kräfte und Kenntnisse verfügt.

Es folgt nun eine Auswahl magischer Praktiken, wie sie unter Hexen gebräuchlich sind. Wollten wir auch nur annähernd Vollständigkeit erzielen, so würde dies mehrere Bücher füllen, denn die Geschichte der Magie ist so alt wie der Mensch. Daher läßt sich diese Disziplin in einem einzigen Menschenleben niemals erschöpfend meistern.

Wir haben uns hier auf Praktiken beschränkt, die eher für den allgemeinen Hexenkult typisch sind, als uns auf die stärker hebräisch, kabbalistisch, christlich oder hermetisch orientierten Systeme der Magie zu konzentrieren.

Schon im Mittelalter war die Hexe stets eine Vertreterin der Volksmagie und arbeitete mit möglichst unaufwendigen Mitteln, die sich zudem leichter tarnen und vor neugierigen Augen verbergen ließen. Ein Küchenmesser oder eine Stricknadel sind eben unauffälliger als Gerätschaften, die aus kostbaren Edelmetallen gefertigt und prunkvoll mit Juwelen und Ornamenten verziert sind.

Außerdem wird viel zu wenig beachtet, daß der Hexenkult des Mittelalters eine Religion der armen Leute war. Wer reich werden oder es bleiben wollte, mußte sich damals immer gut mit der Kirche stellen. Auch die »Buchmagie« der Kabbalisten und Astrologen blieb einer kleinen, hoch gebildeten und meist begüterten oder durch Mäzene geförderten Schicht vorbehalten, die des Lesens und Schreibens kundig war.

Das bedeutet aber keineswegs, daß die Volksmagie weniger wirksam wäre. Im Gegenteil: Gerade weil sie mit schlichten Mitteln arbeitet, kommt sie energetisch meist schneller zur Sache als die aufwendigeren magischen Systeme. Denn nicht auf die Kostbarkeit des Zubehörs und die Komplexität des intellektuellen Zaubersystems kommt es an, sondern einzig und allein auf das Können der Hexe selbst. Gute

Magier (auch jene der anderen erwähnten Traditionen) bedienen sich im Ernstfall ausnahmslos der allerschlichtesten Techniken, Mittel und Zutaten. »In der Beschränkung zeigt sich der Meister.«
Die folgenden Ausführungen haben den Charakter von »Rezepten«. Darin folgen wir unserer eigenen Tradition, denn die frühen Hexen- und Zauberbücher haben stets nur solche Rezepturen angeboten. Vergessen Sie über der Lektüre (und Ihrer Praxis) jedoch nie, daß all diese Zauber nur dann wirken können, wenn Sie sich in dem dafür geeigneten Bewußtseinszustand befinden. Dieser Bewußtseinszustand läßt sich nicht mit Worten beschreiben, aber man erreicht ihn am einfachsten durch das Ritual und durch das Einswerden mit den Göttern, wie wir es ausführlich beschrieben haben.
Bauen Sie diese Zauber also bei Bedarf in unser Grundritual ein, das sich, entsprechend abgewandelt, auch allein durchführen läßt, und nutzen Sie die Energie des Kraftkegels für die magische Arbeit. Und vergessen Sie nie: Es sind immer nur die Götter, die Ihnen als Zauberin oder Zauberer Kraft verleihen. Sobald Sie diese Tatsache aus den Augen verlieren oder leugnen, werden Sie in der Hexenmagie immer wieder gegen die Mauer des Mißerfolgs und der Enttäuschung laufen, bis Ihr Ego vielleicht irgendwann zerbricht und Sie die Wahrheit endlich erkennen ...
Noch eine technische Einzelheit: Die meisten Zauber beruhen auf dem Prinzip der »Sympathiemagie«. Darunter versteht man das gleichnishafte Tun, das sich aus der Erkenntnis ableitet, daß in unserem Universum alles mit allem in Verbindung steht und daß jedes

Teil das Ganze in sich trägt. Wenn wir also ein Foto von einem Menschen vor uns haben, so können wir als Zauberer, den entsprechenden Bewußtseinszustand vorausgesetzt, mit diesem Foto so umgehen, als sei es dieser Mensch selbst. Was wir mit dem Bild tun, geschieht auch mit dem Abgebildeten. Das gilt auch für Puppen, die den anderen darstellen, für Gegenstände, die lange Zeit in seinem Besitz waren, und natürlich für Haarlocken, Nagelabschnitte, Blutstropfen oder Wäschestücke – die klassischen Utensilien der Sympathiemagie.

Ebenso können wir für uns selbst symbolische Handlungen vollziehen, damit diese in der materiellen Welt Wirklichkeit werden. (Wenn Sie sich dadurch an »psychologische« Techniken wie das Positive Denken u. ä. erinnert fühlen, so bedenken Sie bitte: Es handelt sich dabei in Wirklichkeit um magische Praktiken, die schon seit Urzeiten in Gebrauch sind, auch wenn ihre Vertreter dies gern leugnen.) All das gilt es im Auge zu behalten, wenn Sie unsere Anleitungen richtig verstehen wollen.

Zauber für Gesundheit, Liebe und Geld

Wer als Ratsuchender zu einer Hexe kommt, will in den allermeisten Fällen einen Zauber für Gesundheit, Liebesglück oder materiellen Wohlstand. Wie immer man dazu auch stehen mag – so ist die Natur des Menschen, und als Hexen müssen wir realistisch bleiben und damit konstruktiv umgehen. Es steht uns nicht an, den Stab über andere zu brechen, und oft genug brauchen wir selbst diese Zauber, um unser Leben so zu gestalten, wie wir es für richtig halten. Als Hexen tun wir auch gut daran, offen und ehrlich mit unseren eigenen Bedürfnissen umzugehen und sie nicht hinter scheinheiligen Moralvorstellungen zu verstecken. Nun, die wenigsten Hexen kennen so etwas wie Gewissensbisse, denn unsere Religion macht uns, wie schon mehrfach erwähnt, zu wahrhaft freien Menschen, die nur ihren eigenen Göttern Rechenschaft schuldig sind. Diese Götter aber sind großzügig und duldsam. Sie haben nichts mit dem zornigen, eifersüchtigen und humorlosen Gott des Alten Testaments gemein, der das Gottesbild im Abendland auf so fatale Weise bestimmt hat.

Heilungszauber

Die beste Selbstheilung besteht darin, im Ritual die Kraft der Götter in sich selbst herabzuziehen. Dies kann man auch allein tun, sofern man noch stark genug dafür ist. Wenn man mit dem Coven zusammenarbeitet, handelt es sich um eine Gruppenheilung. Dabei lenken Hohepriesterin oder Hohepriester die Energie des Kraftkegels mit Stab oder Athamen auf den Patienten, der in der Mitte des Kreises liegt.

Wenn der Patient am Ritual des Coven nicht teilnehmen kann, ist es auch möglich, diese Kraft in einen Gegenstand zu lenken, der ihm anschließend übergeben wird. Besonders geeignet sind Bergkristalle, die möglichst rein sein sollten. Die Größe des Steins ist nicht weniger wichtig als seine Reinheit. (Große und augenreine Steine sind sehr teuer!) Der geladene Stein kann, beispielsweise bei einem bettlägrigen Patienten, tagsüber einige Stunden lang auf die betroffenen Körperstellen gelegt werden und bei Nacht unter dem Kopfkissen oder unter dem Bett liegen. Mit einem ungeladenen Stein kann man Krankheitsenergie abziehen. Dazu legt man den Stein mit einer glatten Fläche auf die betroffene Stelle und zieht die Energie imaginativ mit dem Einatmen aus dem Körper in den Stein. Nach einer Weile fühlt sich der Stein sehr heiß oder auch sehr kalt an. Dies ist auch ein ausgezeichnetes Mittel gegen Schmerzen. Die Hexe kann all das für sich selbst tun oder es von einer anderen Hexe ausführen lassen. Der gesättigte Stein wird unter fließendem kaltem Wasser abgewaschen und dadurch entladen. (Dies gilt sinngemäß für die Entladung aller magischer Gegenstände.)

Eine andere Praktik besteht darin, den Namen der Krankheit oder eine Schilderung der Beschwerden auf ein Papier zu schreiben und dieses im Ritualfeuer zu verbrennen. Das Papier kann auch in der Erde vergraben oder in einen Fluß oder Bach geworfen werden.

Etwas schwieriger ist die Fernheilung von Menschen, die man nicht persönlich kennt. Dazu braucht man mindestens einen Gegenstand, der in engem Kontakt mit dem Betreffenden war. Besonders geeignet sind Haarlocken, Nagelabschnitte, mit Blut oder Schweiß befleckte Kleidungsstücke oder Schnupftücher sowie alles andere, was vom Körper des Patienten stammt oder damit in Berührung gekommen ist. Die meisten Hexen gehen allerdings mit der Zeit und bedienen sich guter, deutlicher Fotografien, die nicht zu alt sein sollten. Mit diesen Gegenständen wird ebenso verfahren, als wären sie der Patient selbst – was magisch gesehen ja auch der Fall ist!

Bei jeder Heilung sollte sich die Hexe bewußt sein, daß nicht sie selbst es ist, die heilt

Nicht eingehen können wir hier auf den unter Hexen weit verbreiteten Gebrauch von Kräutern. Dieses Thema ist so umfangreich, daß es zahlreiche Bücher füllen würde. Glücklicherweise gibt es eine Menge sehr guter Werke über Kräuterkunde, so daß dieser Mangel hier nicht weiter ins Gewicht fällt.

Bei jeder Heilung sollte sich die Hexe der Tatsache bewußt sein, daß nicht sie selbst es ist, die heilt. Vielmehr sind es die Götter, deren Kraft sich überträgt und die verlorengegangene Harmonie wiederherstellt. Ist sich die Hexe dessen ständig bewußt, so vermeidet sie auch die sonst bei Geistheilungen häufig zu beobachtende Übertragung der Krankheit, bei welcher der Patient geheilt und gesund nach

Hause geht, die Heilerin oder der Heiler aber plötzlich unter seinen Beschwerden leidet. Das hat nichts mit Ansteckung im üblichen Sinne zu tun, sondern ist ein feinstoffliches Phänomen.
Eine auf diese Weise übertragene Krankheit hält zwar meistens nur kurze Zeit (in der Regel ein paar Tage) vor, aber es ist gewiß nicht der Sinn der Sache, und auch eine nur für kurze Zeit energetisch übertragene Krankheit kann sehr unangenehm sein. Unnötig ist sie auf alle Fälle, denn man braucht nur das oben Gesagte zu beherzigen, um ihr zu entgehen.

Liebeszauber wirken am stärksten auf den, der sie verhängt

Liebeszauber

Es wird immer wieder davor gewarnt, daß Liebeszauber am stärksten auf den wirkt, der sie verhängt. Das ist auch nicht weiter verwunderlich, denn man arbeitet dabei im Prinzip mit der eigenen Liebesenergie. Wer einen Liebeszauber durchführt oder den einer anderen Hexe in Anspruch nimmt, sollte sich vorher sehr genau überlegen, was er oder sie damit tut. Die meisten Liebeszauber sind gezielt auf einen bestimmten Wunschpartner gerichtet, und das ist sehr problematisch. Man sollte sich beispielsweise fragen, ob man den anderen wirklich haben will, wenn er nur durch den Zwang der Magie zu gewinnen ist. Zudem erschafft man mit solchen Zaubern zwar Bindung, aber nicht unbedingt »Liebe«. Nur zu oft spürt das Opfer unbewußt, daß es manipuliert wurde und wird, und da man Gefühle nicht erzwingen kann – auch nicht durch Hexerei –, kommt es bald zu Ausbruchsversuchen oder aufreibenden Streitereien, die bewirken, daß der Partner, der den Zauber durchgeführt hat oder durchführen ließ, schon bald den Sinn der ganzen Operation in Frage stellt. Und da seine Bindung durch den Zauber ebenfalls gestärkt wurde, fühlte er sich schnell wie in einem Gefängnis oder so, als wäre er in seine eigene Falle gelaufen, was ja auch durchaus zutreffend ist. Diese Art von Magie sollte man richtiger als »Bindungszauber« bezeichnen, denn darauf läuft sie fast immer hinaus. (Spöttische Hexen sprechen in diesem Zusammenhang gern von »magischen Rohrkrepierern«.)

Sinnvoller ist es einen Zauber durchzuführen, der ganz allgemein zu einer Liebesbeziehung (oder zu mehreren) führt

Sinnvoller ist es da schon, einen Zauber durchzuführen, der ganz allgemein zu einer Liebesbeziehung (oder zu mehreren) führt. Damit ist man nicht auf eine bestimmte Person fixiert, sondern stellt einen allgemeinen Sog her, der sehr anziehend auf das andere Geschlecht wirkt. Weibliche Hexen werden dazu möglichst häufig die Große Göttin in ihrem Aspekt als Liebesgöttin (etwa Venus, Astarte oder Isis) anrufen, männliche dagegen den Großen Gott in seinem phallischen Aspekt des Pan, des Dionysos oder des Bacchus. Werden diese Anrufungen über längere Zeit täglich durchgeführt, so erzeugt dies in den meisten Fällen den gewünschten Sog. Das sollte die Hexe dennoch nicht daran hindern, sich auch im normalen Alltagsbewußtsein nach Partnern umzusehen. Auch Kontaktanzeigen sind keineswegs tabu, sie werden nur erheblich mehr Erfolg haben, wenn sie durch einen solchen Zauber unterstützt werden.

Es ist auch möglich, einen Liebestalisman im Ritual zu laden, indem man die Energie der Gruppe und/oder der gerufenen Gottheiten mit dem Athamen in einen Gegenstand leitet. Solche Talismane werden gern aus Kupfer gefertigt, da dieses Metall dem Planeten Venus zugeschrieben wird. Allerdings arbeiten nicht alle Hexen mit den astrologischen Entsprechungen; man kann also auch andere Substanzen verwenden, die der entsprechenden Gottheit heilig sind. Auch »flüssige« Talismane werden zu diesem Zweck geladen, die sogenannten Liebestränke. Dabei handelt es sich keineswegs immer um aphrodisische Mittel, wie oft geglaubt wird. (Die Kunst, richtige Aphrodisiaka herzustellen, kann hier ebensowenig abgehandelt werden wie die Kräuterkunde.) Es kommt bei diesen Tränken vielmehr auf die richtige feinstoffliche Energieladung an. Geladene Liebestalismane werden auch angefertigt, wenn der Zauber für einen anderen (Freundin, Freund, Ratsuchender usw.) gedacht ist.

Schmachten sollst du nach mir

Wer unsere Ermahnungen nicht beherzigen mag und es doch darauf abgesehen hat, einen bestimmten Liebespartner an sich zu binden, versuche es mit folgendem Rezept: Die Hexe fertigt ein Herz aus Wachs an. (Es kann rot gefärbtes Wachs sein oder reines Bienenwachs.) In dieses Herz ritzt sie den Namen der Zielperson. Dann knetet sie das Herz kräftig und spricht: »Schmachten sollst du nach mir! Dein Herz schmerzt, weh, bist du nur fern von mir!« (Abb. S. 179) Es müssen nicht genau diese Worte sein, ja es ist sogar besser, eigene Formulierungen zu gebrauchen.

Dieser Vorgang wird mehrere Tage oder Wochen lang wiederholt, bis der gewünschte Erfolg eintritt. Anstelle eines Wachsherzens kann auch ein eigens dafür gebackenes Brot verwendet werden. Eine Praktik, die besonders geeignet ist, eine Liebesbindung zwischen zwei

anderen Menschen herzustellen (etwa im Auftrag eines Ratsuchenden), besteht darin, von jedem der beiden Partner eine etwa handgroße Wachspuppe anzufertigen. Die Puppe sollte, wie schon beim Heilzauber beschrieben, möglichst mit Körpersekreten o. ä. der betreffenden Personen versehen werden, die man beispielsweise in das Wachs einkneten kann, wenn man die Puppe anfertigt. Statt dessen oder auch als Ergänzung dazu kann man auch ein aktuelles Foto (Gesichtsaufnahme) als Gesicht in die Puppe integrieren. Die beiden Puppen werden nun verbunden, indem man sie mit kleinen Stricken aneinander fesselt. Man kann sie auch an den Seiten zusammenschmelzen, während man entsprechende, selbstformulierte Sprüche murmelt. (Das Murmeln sollte nicht zu laut sein, da »dunkles Raunen« wesentlich magischer wirkt, was durchaus wörtlich gemeint ist.)

Liebe und Geld regieren die Welt

Geldzauber

Liebe und Geld regieren die Welt. Also folgt nun nach den Liebeszaubern die Geldmagie. Grundsätzlich muß man sich über sein eigenes Verhältnis zum Geld im klaren sein, bevor man sich an Geldzauber

Es gibt in der Regel eine ganze Reihe guter Gründe, weshalb man kein Geld hat

wagen kann. Es genügt nicht, einfach nur Geld zu brauchen – wer täte das nicht? Es gibt nämlich in der Regel eine ganze Reihe guter Gründe, weshalb man kein Geld hat, und die allermeisten davon haben mit unserem Unwillen zu tun, in Geld mehr zu sehen als ein bloßes Mittel zum Zweck. Unsere Kultur jagt dem Geld zwar nach wie verrückt, ja alles dreht sich um diese Geldhatz, aber andererseits verachtet sie es. So baut man das Geld zu einem Popanz auf und gibt ihm eine viel größere Bedeutung, als es tatsächlich hat. Es wird zur Fessel, anstatt uns frei zu machen, und das ist immer ein gefährlicher Akt destruktiver Magie. Wenn man als Hexe erst einmal erkannt hat, inwieweit man vielleicht ein schlechtes Gewissen beim Gedanken an Geldbesitz entwickelt, oder wie sehr man Geld bisher verachtet hat, lösen sich viele Geldprobleme wie von selbst. Verweigert man sich diesem Bewußtwerdungsprozeß, so nützen einem auch die machtvollsten Zauber nur wenig. Dann kommt das Geld vielleicht mal kurz vorbei, macht aber schnell wieder kehrt, wenn es unser finsteres Gesicht erblickt! Dennoch gibt es eine Reihe von Zaubern, mit deren Hilfe Hexen sich selbst und anderen über geldliche Engpässe hinweghelfen können. (Wir sprechen hier nicht davon, daß es mit unserer Zauberei zwangsläufig gelingt, selbst aus dem ärmsten Schlucker einen Millionär zu machen!) Grundsätzlich geht es den meisten von uns ja eher um »Reichtum« als um Geld. Vielleicht wollen wir aber auch nur endlich mal ohne ständige Sorgen finanziell über die Runden kommen. Wieder sind es die Götter, die uns dabei helfen. Im Ritual können wir sie unter ihrem Spenderaspekt anrufen und sie

darum bitten, uns das Gewünschte zu gewähren. Angesichts des schlechten Verhältnisses, das die meisten Menschen – durchaus auch viele von uns Hexen – zum Geld haben, ist dies sicherlich die vernünftigste Vorgehensweise. Dann können wir das Geld nämlich auch guten Gewissens annehmen, wenn es eines Tages tatsächlich eintrifft.
Auch Geldtalismane für uns selbst und andere können im Ritual geladen werden, wiederum durch Energieübertragung mit dem Athamen.

Ein recht moderner, aber sehr wirkungsvoller Zauber besteht darin, mit dem Geld zu sprechen und es wie einen lieben Freund zu behandeln. Man sollte Scheine streicheln und Münzen zärtlich zwischen den Fingern bewegen. Während sie es ausgibt, kann die Hexe das Geld einladen, bald wiederzukommen und seine Geschwister mitzubringen. Gerade in Zeiten der Geldnot sollte man besonders großzügig sein, beispielsweise mit Trinkgeldern. Dadurch durchbricht man den Wahn, »arm« zu sein, der immer eine Illusion ist, auch dann noch, wenn das eigene Bankkonto nur gähnende Leere aufweist – denn der wahre Reichtum liegt im Inneren. (Reich ist, wer stets soviel hat, wie er wirklich braucht.) Hilfreich ist es auch, eine möglichst große Banknote am Badezimmerspiegel zu befestigen, wo man sie täglich sieht (Abb. S. 181). Und schließlich muß die Hexe wissen, daß das Geld in größeren Mengen nur selten »bar« zu uns kommt. Wer also eigentlich ein Auto braucht oder Seide für eine Robe, sollte lieber direkt für diese Gegenstände zaubern anstatt für die zu ihrem Erwerb erforderliche Summe. Das ist in der Regel viel erfolgreicher.

Reich ist, wer stets soviel hat, wie er wirklich braucht

Schadenszauber

Wir Hexen meinen, daß jeder Mensch zu seiner eigenen Ethik finden sollte, die ihm persönlich von den Göttern offenbart wird. Es ist sinnlos, sich sklavisch an irgendwelche moralischen Regeln zu halten, nur weil diese einem einst von Eltern, Lehrern, Gesellschaft und Pfarrern eingebleut wurden. Erstens kann es durchaus dem eigenen Wahren Willen entsprechen, sich eher den dunklen Seiten der Magie zu wid-

men, und zweitens gibt es kaum etwas Gefährlicheres als eine bigotte Moral, an die sich doch niemand hält, wenn man mal genauer hinter den äußeren Schein blickt. Die wenigsten Hexen führen unbedacht, grundlos oder gar aus schierer Zerstörungslust einen Schadenszauber durch. Dazu ist der Aufwand zu groß, denn diese Praktiken erfordern noch viel mehr Intensität als die anderen, die wir bereits beschrieben haben. Schließlich hat jeder Mensch einen starken, unbewußten Selbsterhaltungstrieb, und diesen zu durchbrechen, um den Betreffenden Schaden zuzufügen, kostet sehr viel Energie.
Dennoch kommt es immer wieder vor, daß sich eine Hexe gezwungen sieht, diese Zauber anzuwenden. Sei es, daß sie angegriffen wird, sei es daß Freunde oder Ratsuchende in entsprechende Schwierigkeiten geraten, sei es aber auch, daß sie keine andere Möglichkeit mehr hat, ein angestrebtes Ziel zu erreichen. Deshalb wollen wir hier einige klassische Praktiken vorstellen.

Die wenigsten Hexen führen unbedacht, grundlos oder gar aus schierer Zerstörungslust einen Schadenszauber durch

Der Böse Blick

Der Böse Blick (auch malocchio genannt) ist nach dem Hexenbesen das wohl bekannteste Attribut der »klassischen« Hexe. Er ist im Volksglauben vom Polarkreis bis Sizilien sehr gefürchtet, und das nicht ganz zu unrecht. Die Praxis vieler Hexen, durch starke Blickkonzentration und Innenschau (Meditation) die für ihre Arbeit erforderliche Trance zu erreichen, führt oft zu einem recht stechend wirkenden Blick, der an sich noch völlig harmlos ist. Allerdings sind auch Techniken bekannt, mit deren Hilfe Hexen über den Bösen

Blick Zauber übertragen und andere Menschen beeinflussen können. Dies erfordert jedoch eine Menge Konzentration und magisches Können und wird aufgrund des damit verbundenen großen Kraftaufwands nur selten eingesetzt.
Will man selbst den Bösen Blick praktizieren, muß man sich über Monate und Jahre hinweg im langen, völlig reglosen Anstarren von Gegenständen üben (von fünfzehn Minuten bis zu mehreren Stunden pro Sitzung). Damit einher geht eine intensive Konzentration und Atembeobachtung. Ferner muß das spasmische Übertragen von Energien geübt werden (beispielsweise durch Kampfschreie, die schließlich mit zunehmender Praxis nur noch stumm eingesetzt werden) und eine extreme Selbstbeherrschung auch in Situation großer gefühlsmäßiger Aufgewühltheit (etwa bei Wut oder Angst). Das erklärt vielleicht auch, weshalb nur die wenigsten Hexen die Technik des Bösen Blicks jemals meistern, und wenn, dann in der Regel erst im hohen Alter. Der Böse Blick richtet sich meistens nicht auf das Auge des Opfers, sondern auf die Stelle direkt zwischen seinen Augen (Nasenwurzel). Das Starren auf diesen Punkt kann den anderen auch verunsichern, ohne daß auf der Seite der Hexe eine große Praxis dahinter steht, und ihn dadurch für eine feinstoffliche Beeinflussung empfänglich machen.
Ein wirkungsvoller Schutz vor dem Bösen Blick ist: 1) nicht an ihn zu glauben und sich dadurch vor seiner feinstofflichen Beeinflussung unbewußt abzuschotten; 2) den Bösen Blick zu erwidern, wodurch sich die jeweiligen Energien meist aufheben; 3.) entsprechend gelade-

ne Schutzamulette zu tragen, oder 4) mit einer wirksamen Schutzglyphe, zum Beispiel dem Pentagramm, zu kontern. Letzterem muß allerdings schon einiges an Praxis vorausgehen.
Weniger bekannt ist unter Nichthexen übrigens die Tatsache, daß durch diesen Blick auch Heilungsenergie übertragen und unruhige Patienten (beispielsweise Geistesgestörte) oder wilde Tiere besänftigt werden können. Er wird also keineswegs nur destruktiv eingesetzt, weshalb die Bezeichnung »böse« auch nicht völlig zutrifft.

Wenn der Böse Blick erwidert wird, heben sich die Energien meist auf

Puppenzauber

Wir haben die Puppenmagie bereits in Zusammenhang mit dem Liebeszauber kennengelernt. Im allgemeinen wird sie nur mit dem Voodoo-Kult Haitis in Verbindung gebracht. Diese Praktik war allerdings schon bei den Hexen des europäischen Mittelalters bekannt. Es ist sogar wahrscheinlich, daß der Voodoo sie vom Hexenkult übernommen hat. Durch die Kolonialisierung Haitis verschmolzen viele europäische Elemente mit afrikanischen, und so entstand die Mischform Voodoo. Noch heute lesen viele Voodoo-Priester bestimmte altfranzösische Zauberbücher und rezitieren daraus.
Die Puppe muß nicht unbedingt aus Wachs sein. Auch Exemplare aus Holz, Lumpen und Leder sind häufig im Gebrauch. Da die Puppe das Opfer darstellt, wird so mit ihr verfahren, wie man es mit dem Menschen selbst täte, wenn er zur Verfügung stünde. In der Regel wird sie gezielt gestochen. Dies geschieht mit Nadeln, die man unter gemurmelten Flüchen in Kopf, Herz, Eingeweide und

Genitalien bohrt oder an beliebige andere Stellen, wo es das Opfer treffen soll. Dies geschieht übrigens nur in den seltensten Fällen, um den Tod des Opfers herbeizuführen. Mit Hilfe des Puppenzaubers werden Krankheiten angehext, geistige Verwirrungen gestiftet, Unfälle magisch »arrangiert« und was der Möglichkeiten mehr sind. Puppen kann man fesseln, um ein Gefühl der Beklemmung beim Opfer zu erzeugen, sie können geprügelt und gegart werden und was auch immer.

Puppenzauber wird keineswegs nur zum Schaden der Zielperson angewandt

Allerdings wissen nur wenige, daß Puppenzauber keineswegs nur zum Schaden der Zielperson angewandt wird. Einige moderne Hexen stechen beispielsweise die Puppen von Patienten, um damit astrale Fernakupunktur zu Heilungszwecken durchzuführen, was äußerst wirksam ist. Auch hier hat also jedes Ding zwei Seiten.

Knotenzauber

Zauberknoten gibt es schon seit uralter Zeit. Als Ornamente findet man sie auf vielen magischen Schmuckstücken, auf Gebäuden, auf Wappen und so weiter. Das Prinzip des Zauberknotens beruht darauf, daß magische Energien in eine Kordel oder einen Strick gebannt werden. Viele Coven setzen für ihre magische Arbeit Spezialknoten ein, die streng geheimgehalten werden, aber im Prinzip kann man jeden beliebigen Knoten verwenden, wenn nur der magische Bewußtseinszustand während der Ladung der richtige ist.
Der Gebrauch von Zauberknoten ist auf kein bestimmtes Gebiet beschränkt. Man kann sie für Liebes- und Heilungszauber ebenso

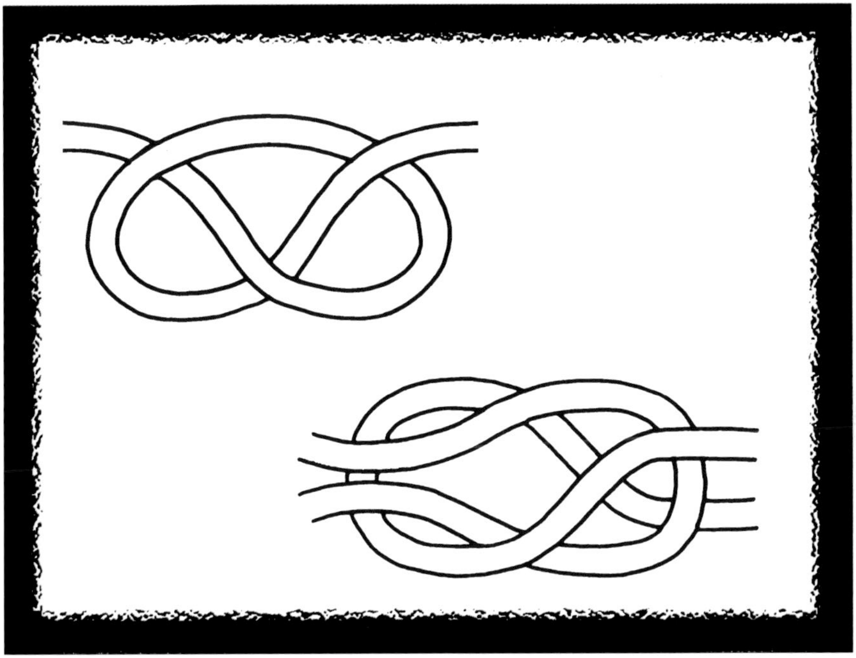

verwenden wie für die Geldmagie oder zum Angriff. Der Knoten wird wirksam, wenn er wieder geöffnet wird. Es handelt sich also um »Einmalzauber«, die nach der Aktivierung ihre Wirkung verlieren. Früher verkauften finnische Hexen Windknoten an Seeleute, die bei Flaute auf See geöffnet wurden. Und in der Tat läßt sich jede Elementenergie in einen Knoten bannen. Solche Zauber können sehr lange gelagert werden, so daß man sich auch Vorräte davon anlegen kann. Besonders gern werden Zauberknoten bei der Wettermagie eingesetzt.

Wenn die Hexe allein arbeitet, bereitet sie den Strick vor, indem sie den Knoten legt, ihn aber noch nicht festzurrt. Auf dem Höhepunkt des Rituals lenkt sie dann ihre gesamte Konzentration auf ihr magisches Vorhaben und zieht den Knoten ruckartig zu.

Wenn der Coven gemeinsam arbeitet, können mehrere lange Seile in der Mitte so miteinander verknüpft werden, daß eine »Spinne« entsteht, von der jede Hexe ein Ende in die Hand nimmt. Mit ihrem Seilabschnitt verfährt sie dann wie oben beschrieben, indem sie einen Knoten vorbereitet. Nun beginnt ein möglichst wilder Kreistanz, der so lange fortgesetzt wird, bis die Teilnehmer nach und nach erschöpft zu Boden sinken und im Fallen ihren jeweiligen Knoten ruckartig festziehen.

Manche Hexen benutzen farbige Schnüre, die unterschiedlichen Zwecken dienen. Schwarze Kordeln sind beispielsweise für Angriffs- oder Schadenszauber gedacht, weiße für Heilungszauber, gelbe für Geldmagie, rote für Liebesmagie und so weiter. Die Abbildung (Abb. S. 187) zeigt oben einen einfachen Knoten (»Brezelform«) und unten einen etwas komplizierteren Knoten (unter Seeleuten als »Trossenstek« bekannt), mit dem zwei Seile oder Taue verknotet werden können (beispielsweise für Bindungen, wobei jedes Seil eine der zu bindenden Personen darstellt). Die Abbildung (Abb. S. 188) zeigt tanzende Hexen bei der Knotenarbeit im Coven.

Schamanen zeichnen sich nicht zuletzt dadurch aus, daß sie häufig Geistreisen unternehmen

Astralwandern

Schamanen zeichnen sich nicht zuletzt dadurch aus, daß sie häufig Geistreisen unternehmen – um sich neues Wissen anzueignen, um die verschollenen Seelen von Patienten zurückzuholen, um sich Kräfte und Wesenheiten aus der Unter- und Oberwelt zu Diensten zu machen, oder um sich mit anderen Schamanen in Trance zu treffen und zu beraten. Letzteres ist besonders dann sinnvoll, wenn aufgrund großer geographischer Entfernung keine andere Möglichkeit der sofortigen Kontaktaufnahme zur Verfügung steht. (Schließlich ist die Zauberei älter als das Telefon!) Dies alles gilt auch für die Hexe. In Hexenprozessen und bei der »Peinlichen Befragung« durch die

Inquisition tauchte immer wieder die Frage nach den »Flugreisen« auf, welche die Hexe angeblich unternommen hatte. Das Bild von der auf ihrem Besenstiel nächtens durch die Lüfte sausenden Hexe, das wir noch heute kennen, beruht in der Tat auf der Fähigkeit der Hexe, aus ihrem Körper auszutreten. Während eines solchen Körperaustritts verläßt das Bewußtsein den physischen Körper und nimmt einen feinstofflichen an, den sogenannten »Astralleib«. Mit diesem kann sich die Hexe in Gedankenschnelle an jeden beliebigen Ort in welcher Welt auch immer bewegen. Die Astralreise wird zu den bereits beschriebenen Zwecken durchgeführt, aber auch, um beispielsweise einen fernen Kranken aufzusuchen und ihn auf der Astralebene zu behandeln.

Es gibt kein Patentrezept, um das Astralreisen zu erlernen

Es gibt kein Patentrezept, um das Astralreisen zu erlernen. Je nach Begabung ist die Hexe nach mehreren Jahrzehnten oder nach nur wenigen Wochen in der Lage, den Körperaustritt willentlich zu vollziehen. (Ungewollt erleben ihn manchmal auch Nichthexen bei plötzlichen Schocks, Unfällen oder beim Einsetzen des klinischen Todes.) Meist wird der Körperaustritt geübt, indem die Hexe ihn in entspanntem Zustand, gern auch kurz vor dem Einschlafen imaginiert. Dies tut sie regelmäßig so lange, bis sich schließlich der gewünschte Erfolg einstellt. Manche Coven praktizieren dies auch in der Gruppe und treffen sich auf diese Weise, um einen »astralen Sabbat« beziehungsweise Esbat abzuhalten.

Vom Gebrauch der berüchtigten Flugsalben ist Unkundigen dringend abzuraten! Diese Salben enthalten stark halluzinogene Substanzen

(Tollkirsche, Stechapfel, Bilsenkraut, Fliegenpilz, Krötensekrete), deren Besitz und Gebrauch strafrechtlich verfolgt wird und die darüber hinaus in der falschen Dosis tödlich sein können. Auf die Schleimhäute aufgetragen (früher von unbekleideten weiblichen Hexen mit Hilfe des mit der Salbe bestrichenen Besens, der »geritten« wurde), erzeugen sie das Gefühl des Körperaustritts und ermöglichen den Astralflug. Es gibt zahlreiche Rezepte für Flugsalben, aber sie gelten allesamt als äußerst gefährlich und werden nur noch selten angewandt.

Divination

Die Zukunftsschau oder das Hellsehen gehört zu den klassischen Zauberfähigkeiten der Hexe. Ein klassisches Hilfsmittel für die Divination ist die Kristallkugel (Abb. S. 192). Dabei handelt es sich jedoch nur in den seltensten Fällen um eine Kugel aus echtem Bergkristall. Viel öfter wird eine preiswerte Glaskugel verwendet, die allerdings möglichst rein sein sollte. Sie ist fast immer durchsichtig und klar, nur sehr selten werden schwarz gefärbte Kugeln eingesetzt. Der Gebrauch der Kristallkugel ist im Prinzip denkbar einfach: Die Hexe meditiert über eine Frage und starrt so lange in die Kugel, bis sie in dieser Bilder erkennt, die als Antworten ausgewertet werden. So einfach die Technik auch sein mag, so schwierig ist die Kunst selbst. Es bedarf eines großen Gespürs und viel Erfahrung, um aus der Flut der Bilder die richtigen herauszuziehen und korrekt zu interpretieren. Anstelle von Glaskugeln wurden früher auch häufig gefüllte Kelche

oder Becher benutzt, Ölschalen, Spiegel und alles, was glänzte und den Blick fesselte.

Auch das Kartenlegen gehört zur Hexenkunst. Die meisten modernen Hexen arbeiten mit Tarotkarten, aber es gibt immer noch viele, die gewöhnliche Spielkarten verwenden. Zu diesem Thema gibt es eine Vielzahl guter Bücher, weshalb wir hier nicht näher darauf eingehen wollen. Dies gilt auch für die zahllosen anderen Orakelsysteme, mit denen die Zukunft befragt werden kann.

Damit ist unser kleiner Abriß der Zauberei, wie sie von Hexen praktiziert wird, beendet. Es gäbe noch viele Techniken und Disziplinen zu erwähnen, und manche davon haben wir im Anhang unter der Überschrift »Kleines Hexen-ABC« aufgeführt.

Schützt die Mysterien. Offenbart sie unentwegt.

Anhang

Nachwort

Bis hierher haben wir dargestellt, was wir vom Hexenkult im Rahmen der uns vorgegebenen Grenzen (Umfang dieses Buches) für erwähnenswert hielten. Mag sein, daß manche Hexen mit unseren Ausführungen nicht einverstanden sind, aber wir haben uns bemüht, eine Art »kleinsten gemeinsamen Nenner« des sehr vielfältigen Hexenkults zu formulieren, mit dem sich die allermeisten heutigen Hexen identifizieren können.

Vieles mußte allerdings ungesagt bleiben. Nicht etwa, weil wir, wie in früheren Zeiten zu behaupten üblich, »unsägliche Geheimnisse« zu hüten hätten, sondern weil unser Kult vor allem praktisch orientiert ist und sich sehr viele Erfahrungen und Erlebnisse nicht in Worte fassen lassen. Mißtrauen Sie allen Esoterikern (auch Hexen!), die vorgeben, im Besitz solcher Geheimnisse zu sein! In Wirklichkeit gibt es auch im Hexenkult nur wenig, was nicht schon in der einen oder anderen Form in der Literatur erwähnt worden wäre.

Dennoch sind wir wahre Hüter der Mysterien. Aber diese Mysterien offenbaren sich immer nur ganz persönlich und nur durch die Erfahrung selbst. Diese Erfahrungsdimension kann Ihnen kein noch so umfangreiches Buch bieten. Sie erschließt sich nur durch das Tun selbst, durch das Erleben der Götter und ihrer Macht!

Wir, die Autorinnen und Autoren dieses Buches, haben getan, was wir für richtig und nötig hielten. Aus den bereits geschilderten Gründen möchten wir anonym bleiben und werden uns nun, da unser Werk vollendet ist, wieder unserer eigenen Arbeit zuwenden. Wir bitten daher, von Versuchen der Kontaktaufnahme (etwa über den Verlag) abzusehen. Dieses Buch muß für sich selbst sprechen. Weitere Hilfestellungen können und werden wir nicht geben. Unser Kreis ist klein und überschaubar, und so soll es auch bleiben. Haben Sie also bitte Verständnis dafür, daß wir keine Anfragen beantworten werden. Jeder von uns muß seinen eigenen Weg finden. Dem einen wird es leichter fallen als dem anderen, doch schließlich wird ein jeder bekommen, was er braucht und was er verdient hat. So wollen es die Götter. Sollten Sie bei der Suche nach praktizierenden Hexen (und keine anderen dürfen Sie ernst nehmen!) auf Schwierigkeiten stoßen, so bedenken Sie bitte stets, daß dies gerade am Anfang ganz normal ist. Die Götter machen es einem eben nicht leichter als erforderlich! Wer aber zu den Ihren gehört, den werden sie zur rechten Zeit rufen. Es gibt keine Zufälle! Ohnehin werden Sie irgendwann – vielleicht erst in vielen Jahren – zu der Erkenntnis gelangen, daß nicht Sie den Kult gesucht haben, sondern der Kult Sie …

Gespräche mit modernen Hexen

Vorbemerkung

Die auf den folgenden Seiten wiedergegebenen Gespräche mit zeitgenössischen Vertretern des Hexenkults sind insofern repräsentativ, als sie einen Einblick in die Situation geben, die für bewußt über ihren Kult reflektierende Hexen durchaus typisch ist.
Die Beiträge sind gekennzeichnet durch ein starkes Bedürfnis nach Selbstkritik beziehungsweise einer differenzierenden Betrachtung der Praktiken der eigenen »Szene« und heben sich in diesem Punkt deutlich von den gängigen klischeehaften Selbstdarstellungen vieler moderner »Medienhexen« ab. In diesen Gesprächen kommt auch zum Ausdruck, daß der Hexenkult unserer Tage keine »Schnellstraße« zur Hexenmacht ist, sondern eher ein gewundener Pfad, der mit so manchen Stolpersteinen gepflastert ist. Und nicht zuletzt werden hier viele Aspekte des Kults zur Sprache gebracht, auf die wir im Hauptteil des Buchs aus Platzgründen nicht näher eingehen konnten.

Gespräch mit Volker S., Hexer

Volker S., aufgewachsen in einem hessischen Dorf, Abitur in Frankfurt, okkulte Interessen und Beschäftigung mit Magie, starkes Naturschutzengagement, Heide, durch eine Freundin in den Kult aufgenommen, hat sich mittlerweile aus der Szene verabschiedet.

Frage: Wir wollten uns über das Neuheidentum, speziell den Wicca-Kult unterhalten und darüber, wie du persönlich dazu gekommen bist und jetzt dazu stehst. Könntest du zu Beginn erklären, welche Rolle der Wicca-Kult im Rahmen des Neuheidentums spielt?

War es für dich auch ein Ausdruck des Protestes gegen das Christentum, Heide und Wicca-Priester zu werden?

Volker: Zunächst kann man sagen, daß jeder Wicca-Anhänger ein Heide ist, nicht aber umgekehrt. Das heißt, Wicca ist einer von mehreren heidnischen Kulten. Unter diesen nimmt Wicca allerdings eine ganz besondere Stellung ein. Dadurch, daß man sich einem Coven angeschlossen hat, hat man sich entschieden, den heidnischen Weg ernsthaft zu gehen. Vielleicht so, wie man allgemein Christ ist, aber wenn man es sehr ernst meint, in einen Orden eintritt. Im Neuheidentum ist das natürlich nicht mit all den im christlichen Bereich damit verbundenen Auflagen und Repressionen verknüpft.

Frage: Das klingt ziemlich christenfeindlich. War es für dich auch ein Ausdruck des Protestes gegen das Christentum, Heide und Wicca-Priester zu werden? Euer Gehörnter Gott und der christliche Teufel sehen sich ja verblüffend ähnlich.

Volker: Die Christen haben den alten gehörnten Gott Pan ja auch als Bildvorlage für ihren Teufel genommen und ihm alles Böse zugeschrieben. Allerdings ist allein schon diese Aufteilung eine christliche. Als Heiden sehen wir in den Göttern helle und dunkle Züge, ohne sie zu moralisieren. – Obwohl es natürlich auch gewisse moralistische Tendenzen gibt wie: der böse patriarchalische Jahve und die »liebe« Erdgöttin. Aber das ist nicht die Regel. – Nein, für mich persönlich war es keine Protesthaltung. Ich bin nie besonders christlich erzogen worden und komme eher aus der atheistisch-positivistischen Ecke. Da gab es nichts zu protestieren. Das Christentum als Religion ist mir innerlich völlig fremd und auch ziemlich gleichgültig, eines Protestes auf religiöser Ebene kaum wert. Wenn man sich allerdings der menschlichen und der nicht-menschlichen Natur ein wenig verbunden fühlt, wird einen eine eingehende Betrachtung der europäischen Geschichte nicht gerade mit Entzücken erfüllen. Ich bin schon der Meinung, daß die Naturzerstörung und die Selbstentfremdung des modernen Menschen ihre Wurzeln auch und nicht zuletzt im Christentum und seinen Folge-Ideologien hatte und noch hat.

Mythen lassen sich nicht abschaffen, sondern nur ersetzen

Ich glaube von Starhawk ist die Beobachtung, daß Mythen sich nicht abschaffen, sondern nur ersetzen lassen. Ein verleugneter Mythos hinterläßt eine leere psychische Struktur, aus der heraus er immer wieder neu geboren wird. Erst wenn er durch einen anderen Mythos ersetzt wird, kann sich diese neue Struktur durchsetzen. Darin habe ich auch die Chance des Neuheidentums gesehen, wirklich etwas an den herrschenden Zuständen zu verändern. Da gab es endlich die auf

die Natur bezogenen Mythen, nach denen ich immer gesucht hatte. Und da gab es auch die Verbindung zwischen sozialer, politischer Wirksamkeit und spiritueller Suche, die mir bei anderen religiösen Bewegungen immer gefehlt hatte. Jedenfalls theoretisch gab es die da.

Frage: Hast du denn einmal konkrete politische Arbeit gemacht, bevor du dich dem Okkultismus zugewendet hast? Wie hast du denn selbst versucht, diesen Ansatz in die Bewegung einzubringen?

Heidentum war nie eine Religion in dem Sinne, in dem wir alle das Christentum kennengelernt haben

Volker: Ja, in der Öko-Bewegung war ich lange sehr aktiv. Ich habe praktische Naturschutzarbeit auf verschiedenen Ebenen geleistet, also sowohl auf der ganz konkreten Ebene in der Landschaft, als auch auf der politischen Ebene. Ich habe auch mal eine kommunale Gruppe der Friedensbewegung aufgebaut. Wie ich versucht habe, dieses Engagement in die heidnische Bewegung einzubringen? Die Frage ist eigentlich falsch gestellt. Die heidnische Bewegung ist ja zunächst eine religiöse und beteiligt sich als solche erst einmal nicht an politischen Diskussionen. Soll sie ja auch gar nicht. Ich hatte nur gehofft, daß das Engagement im politischen Bereich durch die spirituellen Impulse stark gefördert würde. Jedenfalls findet das bei mir tendenziell statt. Doch leider ist dies nicht sehr verbreitet. Für viele gilt wirklich: Spiritualität statt Politik. Das beruht natürlich auf einem grundlegenden Mißverständnis der ganzen Sache. Heidentum war nie eine Religion in dem Sinne, in dem wir alle das Christentum kennengelernt haben, also »Religion« als etwas, das neben dem normalen

Leben herläuft. Das Heidentum war immer eine Lebensform in ihrer Gesamtheit, eine »ganzheitliche« Lebensform würde man im New Age-Jargon wohl sagen. Das war auch, was ich suchte und was mich am Heidentum sehr angezogen hat: Ich wollte eine Lebensform, kein Glaubenssystem, eine Lebensform, in der sich die Liebe zur Natur mit einem spirituellen Weg, das heißt, mit geistiger Weiterentwicklung und mit einem befriedigenden menschlichen Zusammenleben verbinden ließ. Das habe ich leider nicht gefunden, denn offenbar wird in unserer momentanen Kultur jeder geistige Impuls zu einer bloßen »Meinung«, einem Glaubenssystem für die Sonntage oder im Wicca eben die Sabbate.

Ich wollte eine Lebensform, in der sich die Liebe zur Natur mit einem spirituellen Weg verbinden ließ

Frage: Wir kommen später noch darauf zurück, daß du in vielen Punkten auch enttäuscht wurdest. Zunächst würde ich gern noch etwas über das hören, was du die »geistige Weiterentwicklung« genannt hast. Hat so etwas für dich stattgefunden?

Volker: Um Mißverständnisse zu vermeiden, muß ich wohl erst mal erklären, was ich unter »geistiger Entwicklung« verstehe. Ich meine damit ein Reifen der ganzen Person, des Menschen in bezug auf seinen Körper, seinen Geist, seine Gefühle, sein Verhältnis zu den Mitmenschen und zur Umwelt. Ich will eine spirituelle Bewegung jetzt auch nicht erwartungsmäßig überlasten und von der politischen Veränderung bis zur emotionalen Therapie alles von ihr erwarten. Doch zumindest einige Anstöße müßten schon davon ausgehen.

So ist ja gerade der Wicca-Kult auch stark in der okkult-magischen Szene beheimatet und kann viele Einsichten in bezug auf die nichtsichtbare Wirklichkeit vermitteln. Den Effekt hat es bei mir sicherlich auch gehabt. Allerdings war ich in der ganzen Zeit überhaupt stark mit Magie beschäftigt, habe mich sehr mit Visionen, Trance, Ritualen, Orakeln und Symbolen auseinandergesetzt.
Der Wicca-Kult hat mir dabei insofern sehr geholfen, als wir in unserer Kultur ja wenig Möglichkeiten erlernen, unsere geistigen und visionären Erfahrungen, also alles, was sich außerhalb der gängigen Realität abspielt, in Worte, geschweige denn in Bilder zu kleiden. Bilder sind aber enorm wichtig, wenn man sich selbst in seiner magischen Umgebung besser kennenlernen will. Und eine solche Kultform liefert eine ganze Menge archetypische Bilder, Bilder, mit denen ich in Visionen und Träumen etwas anfangen konnte, mit denen ich arbeitete und die in mir arbeiteten. Daraus ergeben sich manche Reifungsprozesse wie von selbst.
Die eigentliche Weiterentwicklung oder persönliche Reifung findet dann gar nicht mal während der Beschäftigung mit dem okkulten oder geistigen Bereich statt. Vielmehr werden im Alltag dauernd Probleme sichtbar, bieten sich zur Bewältigung an, beziehungsweise drängen sich auf, die man sonst nicht hatte, die aber in deutlichem Zusammenhang mit der magischen Arbeit stehen. Die Bewältigung dieser sich ergebenden Lebensprobleme sorgt dann dafür, daß die menschliche Reifung permanent weiter fortschreitet. Dafür ist es aber ganz wichtig, daß man sich den Lebensproblemen auch wirklich

stellt, wenn sie auftreten, und sich nicht in eine visionäre oder rituelle Scheinwelt flüchtet. Meiner Erfahrung nach bleibt dann nämlich auch die magische Arbeit stecken. Das heißt, man hat ständig ein Korrektiv an der Hand, um Fehler und Sackgassen schnell ausfindig zu machen.

Frage: Das hört sich doch alles ganz ideal an. Warum nutzt du diese Möglichkeiten der Weiterentwicklung dann nicht mehr?

Volker: Daß ich diese Möglichkeiten jetzt nicht mehr nutze, habe ich nicht behauptet. Wenn du einmal mit der inneren Seite deines Wesens – nenne sie ruhig die magische Seite – Kontakt bekommen hast, wirst du diesen Kontakt nicht so schnell wieder aufgeben. Und wenn du ihn aufgeben willst, muß sich erst noch zeigen, ob dein magisches Wesen das auch möchte. Nein, ich bin natürlich immer noch sehr in der Auseinandersetzung mit mir selbst engagiert, was für mich auf jeden Fall auch eine magische Auseinandersetzung einschließt. Ich kann ja nicht einfach die Hälfte der Wirklichkeit wegstreichen. Die Abwendung von der Szene, die ich vorhin angedeutet habe, hat weniger mit der Frage zu tun, welchen persönlichen Weg der geistigen Entwicklung ich selbst gehe, als mit der Frage, was ich nach außen hin vertrete, ob ich mich einer solchen Szene als einer kulturellen Bewegung zugehörig fühlen möchte. Und das möchte ich eben nicht. Auf dem heidnischen Weg – und auch auf dem magischen Weg – gibt es viele Möglichkeiten des Fühlens, Denkens und Sehens, die ich nicht missen möchte und die sicherlich auch vielen anderen Einzel-

personen sehr helfen können; aber ich glaube nicht mehr an seine kulturelle Fruchtbarkeit.
Mir fehlt da vielfach auch eine gewisse intellektuelle Ebene. Es geht mir sehr gegen den Strich, wenn persönliche mythische Konstruktionen als historische Wahrheit ausgegeben werden. Da wird ja gerade im Hinblick auf die angeblich matriarchale Vorzeit manch Schauderhaftes vom historischen Stapel gelassen. In dieser durchgängig recht leichtgläubigen Szene mit ihrer deutlichen Abneigung gegen Präzision und Analyse steht man mit der Kritik gegenüber diesen Dingen ganz allein, und es hat ja auch keinen Zweck ständig Dinge zu predigen, die niemand hören will. Ich sehe auch ein, daß es den meisten Leuten gar nicht darum geht, historische Wahrheiten herauszufinden, sondern mehr darum, neue Mythen zu schaffen. Das kann ich bis zu einem gewissen Grad sogar akzeptieren. Der Witz bei neuen Mythen ist ja auch noch, daß man sie als die reine historische Wahrheit ansehen muß, weil sie sonst auch ihre mythische Wirksamkeit weitgehend verlieren. Im persönlichen Bereich finde ich das auch ganz nett. Aber ich fände eine solche Tendenz in größerer Verbreitung äußerst gefährlich, weil sie sich optimal ausnutzen läßt, um Menschen zu manipulieren. Wir hatten da ja in unserer jüngeren Vergangenheit ein gutes Beispiel für kollektive Mythen … Und unser sogenannter »Fortschritt« ist letztlich ja auch nicht mehr als ein kollektiver Mythos, den niemand durchschauen will …
Um noch einmal auf die Frage von vorhin zurückzukommen: Was mir bei der Beschäftigung mit Magie und Mythen persönlich sehr

Es geht mir gegen den Strich, wenn persönliche mythische Konstruktionen als historische Wahrheit ausgegeben werden

geholfen und sehr viel klargemacht hat, war zu erleben und zu erkennen, wie viele Mythen wir im Alltag ständig ausagieren, ohne es zu merken. Es ist sehr befreiend, diese Mythen als solche erkennen zu lernen und sich dann aussuchen zu können, ob man weiterhin innerhalb der Struktur leben will oder sich eine neue anzueignen versucht. Das ist allerdings nicht immer leicht. Besonders im Bereich der Geschlechterrollen kann man immer wieder sehen, wie die Mythen regieren und wie wenig man oft gegen dieses Regiment ausrichten kann. Die Frauenbewegung ist schon lange dabei, die strukturellen Mythen unserer Gesellschaft zu verändern, weil diese unserem ganzen Rollenverhalten als Mann oder Frau zugrunde liegen.

Frage: Das bringt mich gleich auf eine andere Frage. Wie stellt sich für dich als Mann eine Bewegung dar, in der die Frauen dominieren und die Göttin wichtiger ist als der Gott?

Volker: Durch die heidnische Bewegung und vor allem durch Kontakte mit Feministinnen in dieser Bewegung ist mir die Bedeutung der Geschlechtsrollenproblematik erstmalig bewußt geworden. Und ich finde nicht, daß die Geschlechtsrollenfrage ein reines Frauenthema sein kann oder darf. Als Mann stehe ich ebenso in Rollenzwängen, die mir gerade auch im magischen Bereich, wenn ich mich mit meinen inneren Bildern auseinandersetzen will, begegnen oder im Wege stehen. Aus vielen Gründen finde ich es sehr wichtig, die ganze Geschlechterrollenfrage gründlich zu bearbeiten, und das wird sicher auch ohne heidnische Bewegung für unsere Kultur das Hauptthema der nächsten Jahre bleiben. Jedenfalls ist aber die Göttin im Wicca-Kult nicht grundsätzlich wichtiger als der gehörnte männliche Gott. Meinem Verständnis nach ist es doch gerade wichtig, ein neues Verständnis des Gleichgewichts zu bekommen. Es gibt natürlich Strömungen im Heidentum, die das Hauptgewicht auf die weibliche Seite legen. Bei gemäßigten Gruppen geschieht dies aus taktischen Gründen, weil diese Seite eben individuell und kulturell bis jetzt zu kurz kam. Bei radikaleren Gruppen ist diese Verlagerung eher grundsätzlich.

Die Göttin ist im Wicca-Kult nicht grundsätzlich wichtiger als der gehörnte männliche Gott

Es gibt aber im Heidentum kein festes Credo, keine allgemeinverbindlichen Regeln. Und daß manche Frauen, die sich mit der Hexenfigur identifizieren, sich jetzt plötzlich metaphysisch überlegen fühlen und den Mann für ein existentiell minderwertiges Wesen halten, finde ich ziemlich albern. Diese Tendenz wird sich sicherlich nicht dauerhaft durchsetzen können.

Vielleicht ist es ganz gut, wenn das Pendel mal ein wenig in die andere Richtung ausschlägt, damit die Werte, die bei uns klassischerweise als die »weiblichen« abgewertet wurden, ein wenig Auftrieb bekommen. Das könnten wir als Einzelpersonen – Frauen und Männer – und auch als Kultur im ganzen sehr gut gebrauchen. Ich würde sogar sagen, daß ich die feministische Richtung innerhalb der heidnischen Bewegung für die ernsthafteste, niveauvollste und darum auch wichtigste halte. Mehr will ich dazu aber hier nicht sagen, denn da fragst du die beteiligten Frauen besser selbst.

Frage: Viele Frauen kommen durch ihr Engagement in der Frauenbewegung, durch Auseinandersetzung mit der Hexenfrage oder ähnlichem zum Wicca-Kult. Wie bist du dazu gekommen?

Volker: Da müßte ich im Grunde meine ganze spirituelle Entwicklungsgeschichte erzählen. Ich versuche mich mal auf die wesentlichen Punkte zu beschränken: Ich bin zunächst während meiner Schulzeit völlig naturwissenschaftlich und philosophisch positivistisch eingestellt gewesen. Kurz vor dem Abitur kam ich dann über die Beschäftigung mit Psychologie auch zur Parapsychologie, die mich auf wissenschaftlich akzeptabler Ebene davon überzeugte, daß das schulwissenschaftliche Bild der Welt unvollständig ist. Mit Parapsychologie setzte ich mich dann eine ganze Zeit lang auseinander, bis mir ein Freund, mit dem ich derzeit in der gleichen Naturschutzgruppe arbeitete, ein Buch von Rudolf Steiner in die Hand gab. Danach las ich mit wachsender Faszination eine ganze Reihe Bücher von Steiner. Er hat nicht nur darauf hingewiesen, daß da eine Welt außerhalb der Betrachtungsweise der Schulwissenschaft liegt und darauf wartet, erforscht zu werden, sondern er hat das selbst getan und Methoden gezeigt, wie man das nachahmen könnte. Ich brauchte zwei Jahre, um zu durchschauen, daß Steiner seine Lehren von den Theosophen hatte und beileibe nicht der einzige war, der solche geistigen Weltanschauungen vertrat.
Zu der Zeit studierte ich schon Religionsgeschichte und befaßte mich intensiv mit verschiedenen religiösen Systemen. Eine ganze Zeit

orientierte ich mich auch sehr an gnostischen Lehren, die mir durch ihre Klarheit halfen, viele Illusionen über mich und die Welt loszuwerden, deren völlige Weltabgewandtheit mich aber schließlich abstieß. Was mir fehlte war immer der Bezug zur Natur, zum Menschen als lebendigem körperlichen Wesen. Das boten mir auch all die anderen asiatisch orientierten Meditations- und Weisheitslehren, die ich inzwischen kennengelernt hatte, nicht. Der menschliche und »natürliche« Zustand galt immer als ein zu überwindender.

Über einen Bekannten lernte ich dann die rituelle Magie kabbalistischer Herkunft kennen und schätzen. Aus bloßer Neugier am Anfang wurde eine jahrelange Leidenschaft. Aber auch hier störte mich die abstrakte Kälte des gedanklichen Systems. Da entdeckte ich in einem Antiquariat hier in Frankfurt ein Buch über den Wicca-Kult, das mich sofort sehr ansprach. Es kam aus der Richtung von Alex Sanders, der ja auch viele kabbalistische Elemente einbezogen hat. Darüber hinaus fand ich die Mythen, die mich spontan ansprachen und noch über Jahre begleiteten. Natürlich hatte es mir anfangs auch der Anspruch sehr angetan, daß Wicca ein uralter Kult sei, der direkt an das alte Heidentum anknüpft – die »Alte Religion« eben. Später, als sich dieser Anspruch als falsch oder zumindest sehr zweifelhaft herausstellte, war das nicht mehr wichtig.

Über einen Bekannten lernte ich die rituelle Magie kabbalistischer Herkunft kennen und schätzen

Ja, wie ging es dann weiter? Ich besorgte mir über esoterische Buchläden Zeitschriften aus der magischen Szene im englischsprachigen Bereich, denn auf deutsch gab es damals noch gar nichts. Über Kontaktadressen kam ich dann auch an rein neuheidnische

Zeitschriften und an welche aus dem Wicca-Kult. Während einer Reise durch die USA nahm ich Kontakt zu einigen Gruppen auf, die mich aber nur mäßig begeisterten. Hier begegnete ich zum ersten Mal dem Phänomen, daß ein Kult von vielen Menschen wie ein Hobby betrieben wird. Ich meine, ein magischer Kult, in dem jeder sein eigener Priester ist, macht Menschen natürlich mündiger und selbständiger, verleitet andererseits aber auch zum magischen Machtwahn, weil die Leute glauben, das Schicksal des Universums ändern zu können, aber dabei übersehen, daß sich ihr Privatleben in nichts von dem ihrer Nachbarn unterscheidet. Ich orientiere mich da eher an den indianischen Anschauungen, wo die Magie benutzt wird, um eine Vision zu bekommen, aber diese Vision ist wertlos, wenn sie nicht im konkreten Leben umgesetzt wird, vor allem in bezug auf die jeweilige soziale Gemeinschaft. Heute ist das mit der Visionssuche schon fast eine Mode geworden. Ein Visionssuche-Seminar nach dem anderen und alle möglichen Tranceübungen werden angeboten. Nach der wirklichen Umsetzung dieser sicherlich ganz wichtigen Bewußtseinserweiterungen wird jedoch wenig gefragt. Jetzt bin ich aber schon wieder bei meiner Kritik angekommen.

In den USA begegnete ich zum ersten Mal dem Phänomen, daß ein Kult von vielen Menschen wie ein Hobby betrieben wird

Frage: Wie bist du denn ganz konkret in den Kult selbst hineingekommen? Man muß da doch regulär initiiert werden – oder nicht?

Volker: Muß man eigentlich. Die Lage ist aber die, daß es ohnehin keine sehr lange ungebrochene Initiationsfolge im Wicca gibt. In den

fünfziger Jahren des 20. Jahrhunderts haben einige Leute angefangen, sich als Hexenpriester auszugeben. Allerdings ist heute kaum mehr feststellbar, ob sie eine authentische Initiation hatten oder bloß eine lebhafte Phantasie. Gardner scheint wohl wirklich initiiert worden zu sein, wie Wichmann in seinem Buch *Wicca* darstellt, während es wohl ziemlich sicher ist, daß sich Sanders ein Gardnerian *Buch der Schatten* besorgt und sich die Vorgeschichte dazu ausgedacht hat. Auch bei Gardner weiß keiner, wie alt der Coven war, in den er angeblich eingeweiht wurde. Kurz und gut, die Echtheits-Situation ist schwierig und undurchschaubar. Das hat dazu geführt, daß in den Kreisen, die ich kennengelernt habe, die Initiation mehr als ein privates Einweihungserlebnis begriffen wurde, denn als formaler Akt.
Ich lernte über eine Kontaktadresse eine Hexengruppe in Süddeutschland kennen, die von mir den Eindruck hatte, daß ich ernsthaft interessiert und in magischen Dingen erfahren genug sei, so daß ich nach einigen Vorgesprächen bei den Ritualen der Jahresfeste mitmachen konnte. Eine engere Freundin aus dieser Gruppe lehrte mich sehr viel über die besondere Art, Hexenmagie zu betreiben. Eine formelle Einweihung – die Geschichte mit den verbundenen Augen und so weiter – habe ich also nie erlebt. Aber der direkte Kontakt mit den Gottheiten und die Feste des Jahreskreises waren mir Einweihung genug. Die vielzitierten »Geheimnisse« des Kults liegen ja nicht in irgendwelchen zu verheimlichenden Formulierungen oder Ritualen, sondern in der magischen Erfahrung mit den Göttern und der Natur, die man selbst machen muß.

Frage: Und wie willst du dann eingeweihte und nichteingeweihte Personen unterscheiden?

Volker: Das spürst du einfach. Wenn nicht unmittelbar, so merkt man es doch spätestens beim ersten Ritual mit jemandem, ob er oder sie Kontakt zur magischen Ebene hat. Ob jemand ein Instrument spielen kann oder nicht, versucht man ja auch nicht durch Gespräche herauszufinden, sondern indem man ihm eins gibt und hört, was er kann. Wenn man keine eigenen magischen Erfahrungen hat, kann man das wahrscheinlich schwer nachvollziehen. Aber das ist bei der Musik nicht anders. Wenn du noch nie einen Ton gehört hast, kannst du dir den Unterschied zwischen Musik und Lärm auch nicht vorstellen. Um unterscheiden zu lernen, ist es deshalb sehr wichtig, mit welchen Leuten du am Anfang zusammenarbeitest. Die Freundin, die ich eben erwähnte, war äußerst sensibel für magische Wirkungen und hatte einen sehr tiefgehenden Ansatz, die Gottheiten zu verstehen. Von ihr habe ich sehr viel gelernt. Auch über Geschlechterrollen übrigens. Das ist in einem Kult, in dem ein Gleichgewicht zwischen Göttin und Gott herrscht, äußerst wichtig. Als Mann habe ich beispielsweise keinen so unmittelbaren Zugang zu den Mondzyklen, wie eine Frau ihn über ihren Körper hat. Im Wicca ist das Verständnis der Mondzyklen unverzichtbar. Die Coventreffen und die Rituale finden nach ihnen statt, je nach Zweck bei Vollmond oder bei Schwarzmond. Da bin ich übrigens wieder bei der Frage von vorhin, und da wird es dann auch unmittelbar politisch. Ich stoße, wenn ich

Als Mann habe ich keinen so unmittelbaren Zugang zu den Mondzyklen, wie eine Frau ihn über ihren Körper hat mich mit Symbol und Energie des Mondes auseinandersetze, automatisch auf das Problem des Sexismus in unserer Gesellschaft. Natürlich kann ich versuchen, mich daran vorbeizumogeln, aber das führt zu nichts – auch die magische Entwicklung stagniert dann. Auch auf die ökologische Problematik stoße ich unmittelbar. Wenn er die Geister der Landschaft, eines Waldes oder eines Flusses anruft, muß eigentlich auch der letzte Trottel merken, daß etwas nicht stimmt. Ich komme da mit meinem Auto hin, das kubikmeterweise Giftgas in die Luft bläst, und mache ein nettes Naturritual im sterbenden Wald. Da sind mir dann schon die Gnostiker lieber, denen der Untergang der materiellen Welt ohnehin ganz recht ist, die brauchen wenigstens nicht zu heucheln.

Frage: Du sprichst gerade wieder die magische Entwicklung an. Aus deiner Antwort vorhin ist mir noch nicht recht klargeworden, was du dabei eigentlich ganz konkret erlebst. In der ersten Zeit im Wicca-Kult, als du – wie du sagst – »Kontakt zu den Gottheiten« bekommen hast, was hat sich da für dich geändert?

Volker: Es handelt sich dabei um sehr subtile Veränderungen in der Wahrnehmung, im Körpergefühl und so weiter. Das läßt sich schwer beschreiben, deswegen antworte ich auch immer so allgemein. Aber ich kann es ja nochmal versuchen. Eine der wesentlichen Eigenschaften der magischen Welt ist die Belebtheit. Ich hatte immer schon ein intensives Verhältnis zur Natur. Aber indem ich mein Weltbild ausdehnte, konnte ich plötzlich auch eine ganz neue Art der Naturwahrnehmung zulassen. Dabei handelt es sich im wesentlichen um Wahrnehmungen, die ich schon immer hatte, die in meinem Wachbewußtsein aber nie eine Rolle spielen durften, weil sie nicht in mein Weltbild paßten. Diesen Zusammenhang kannst du auch in der modernen Wahrnehmungspsychologie und Wissenschaftstheorie bestätigt finden.

Unsere Wahrnehmungen sind nicht absolut vorgegeben, sondern abhängig von der Zensur der Theorien, die wir verinnerlicht haben. Nun haben viele Menschen in den letzten Jahren versucht, den Zensor ihres theoretischen Bewußtseins mit Hilfe von Drogen oder anderen Methoden zu hintergehen. Es ist aber auch möglich, und das war für mich einer der wichtigsten Effekte der magischen Entwicklung, das grundlegende Weltbild so zu verändern, daß außergewöhnliche Wahrnehmungen nicht mehr zensiert werden. Das heißt nicht, daß ich jetzt im Wald überall die Elfen springen sehe. Bei mir laufen solche Wahrnehmungen subtiler ab.

Unsere Wahrnehmungen sind nicht absolut vorgegeben, sondern abhängig von der Zensur der Theorien, die wir verinnerlicht haben

Ich spüre die Anwesenheit von fremdem Bewußtsein und auch Qualitäten dieser Wesenheiten, wo ich früher »nur« Bäume und Wolken sah. Leute, die zu quasioptischen Wahrnehmungen im magischen Bereich neigen, können in unserer am Optischen orientierten Sprache am leichtesten beschreiben, was sie unterhalb der »normalen« Wahrnehmungsbereiche erleben. Da ich nur sehr wenig und selten quasioptisch wahrnehme, kann ich dir die Unterschiede der Wesenheiten, sagen wir von Eiche und Buche, auch nicht näher angeben.

Das ist etwa so, wie du einen Unterschied zwischen Menschen, die du kennst, auch spüren kannst. Ihre Art ist anders. Diese Wahrnehmungsfähigkeit dehnt sich während der magischen Arbeit auf die gesamte Umwelt aus.
Außer der Lebendigkeit, oder vielleicht sage ich besser Beseeltheit, kommt noch die Ebene der Bedeutung zur Alltagswelt hinzu. Ich begann die Vorgänge um mich herum bewußt als »für mich gemeint« zu interpretieren. Das ist ein Projektionsvorgang, der den Psychiater sicher an seine Paranoiker erinnern wird. Der Unterschied ist der, daß man in der magischen Ausbildung lernt, ihn bewußt einzusetzen. Ich habe immer sehr viel gelernt, wenn ich so getan habe, als würde sich die Welt für mich interessieren und mir Zeichen geben. Im christlichen Sprachgebrauch würde man sagen: als würde Gott zu mir sprechen. Auch da könnte ich dir wieder die psychologischen Zusammenhänge erklären, aber das lasse ich jetzt lieber. Diese Deutung von Zeichen oder Omen hilft nicht nur, wenn es darum geht, Einsichten über sich selbst zu bekommen, sondern oft auch ganz einfach im Alltag.
Angenehme oder unangenehme Zufälle kündigen sich oft vorher an, wenn man nur gelernt hat, die eigenen Ahnungen rechtzeitig zu erkennen und auszuwerten. Natürlich laufe ich jetzt nicht permanent auf der Suche nach den Hinweisen der Göttin durch die Gegend oder meine, jedes Hundegebell hätte mir was zu sagen. Das wäre dann schon ein ziemlicher Beziehungswahn. Zum Üben ist es aber manchmal ganz nützlich, wenn man sich eine Zeitlang in solche Dinge hin-

einsteigert, bis sie dann ihren ganz normalen Platz im Alltag bekommen. Leute, die gerade in dieser Phase stecken, sind manchmal ganz witzig – oft gehen sie einem aber auch ziemlich auf die Nerven.
Daß ich meine Träume auch viel wichtiger genommen habe als vorher, ist ja klar. Traumarbeit gehört auf jeden Fall zur Magie, auch wenn sie mittlerweile längst von der Schulpsychologie für sich entdeckt worden ist. In der magischen Arbeit geht man meist sehr aktiv mit den eigenen Träumen um und deutet sie nicht nur. Ich habe Traumerlebnisse oft in bewußt eingeleiteter Trance weiterbearbeitet oder versucht, ganz bestimmte Symbole mit in meine Träume zu nehmen, und so weiter.
Du kannst dir vielleicht vorstellen, daß das eine Menge einschneidender Veränderungen sind, die sich da am Anfang einer magischen »Karriere« einstellen. Das macht diese Phase natürlich auch besonders spannend. Damit ich bei alledem nicht ganz im inneren Chaos versinke, habe ich auch viel mit Meditationen und Ritualen zur Zentrierung gearbeitet. Das heißt, daß ich mich regelmäßig immer wieder auf einen inneren Mittelpunkt besonnen habe, auf den sich all diese Bilder beziehen konnten. Auch die Magie hat ja ihre Ordnungen und Systeme, nur eben mit symbolischen statt mit logischen Kategorien.

Frage: Was ist an all den magischen und psychologischen Entwicklungen und Möglichkeiten, die du schilderst, das spezifisch Heidnische? Was daran macht den Wicca-Kult aus?

Volker: Nichts. Diese Entwicklung läuft in den meisten Kultformen, magischen Schulen oder Meditationswegen sehr ähnlich ab. Unterschiede werden deutlich, wenn es darum geht, was man dann damit anfängt, welche Haltung dem Lernprozeß zugrunde liegt, welche Motivation ihm vorausgeht. Die »technischen« Einzelheiten der Entwicklungswege sind gleich, wirklich wichtig ist dann aber, wohin man sich inhaltlich entwickelt.

Ich hatte jedenfalls immer versucht, das Heidentum als eine Grundlage für geistiges Wachstum zu begreifen, die ein enges und verständnisvolles Verhältnis zur Natur und zum Körperlichen fördert, die immer auch die soziale Dimension in der eigenen Arbeit und Entwicklung sucht. Diese inhaltliche Entwicklungsrichtung bestimmt natürlich zunächst, welchen spirituellen Weg jemand überhaupt einschlägt. Aber ich bin der Überzeugung, daß die archetypischen Bilder und die ideologischen Theorien, mit denen man auf einem Weg arbeitet, wiederum auf die Bewegungsrichtung, die eigene Motivation und so weiter zurückwirken. Mit der Ökologie und dem sozialen Engagement hat sich das nun nicht so ausgewirkt, wie ich ursprünglich gedacht hatte. Woran das liegt, kann ich auch nicht genau sagen. Ich bin immer noch der Meinung, daß ein spiritueller Weg nur Wert hat, wenn er mit der äußeren Lebensform übereinstimmt. Vielleicht sollten wir uns eher einen Weg suchen, der zu unserer derzeitigen Lebensform paßt, anstatt einen extremen Kult zu wählen und dann die Lebensform nicht daran anpassen zu können …

Wenn ich diese Besonderheit in der inneren Haltung näher beschrei-

Ich hatte immer versucht, das Heidentum als eine Grundlage für geistiges Wachstum zu begreifen, die ein enges Verhältnis zur Natur und zum Körperlichen fördert

ben sollte, würde ich sagen, daß sie durch Achtung den Gottheiten und der Natur gegenüber charakterisiert ist. Man könnte auch von Ehrfurcht oder Dankbarkeit sprechen. Wenn das Wort »Demut« im christlichen Kontext nicht oft mit Unterwürfigkeit in Zusammenhang gebracht würde, könnte man es auch hier benutzen.

So wie ich im materiellen Bereich sanfte Technologien befürworten würde, suche ich auch im Bereich der spirituellen und psychischen Techniken nach sanfteren Wegen

In der klassischen Zeremonialmagie spielt diese Haltung keine Rolle, da geht es viel stärker um die Machtfrage. Dämonen werden beschworen, damit man sie sich unterwirft. Hexen versuchen sich eher verständnisvoll mit der Welt zu arrangieren. So wie ich im materiellen Bereich sanfte Technologien befürworten würde, suche ich auch im Bereich der spirituellen und psychischen Techniken nach sanfteren Wegen. Das harmonische Einfügen in einen Zusammenhang ist wichtiger, als den eigenen Willen durchzusetzen. Das wird schon an den mythischen Bildern deutlich. Die Göttin und der Gehörnte haben sowohl helle, angenehme, als auch dunkle, harte und abstoßende Seiten, genau wie die Natur selbst. Und sie sind nur ganz zu haben. Ich kann die Aspekte zwar künstlich voneinander trennen, aber das macht sich meist sehr schnell bemerkbar. Wenn wir die Harmonie nicht halbwegs wahren, kippt das ganze System um. Diese Lektion lernen wir als Kultur gerade an den Ökosystemen, und individuell kann man sie gut in der Hexenmagie lernen. Das ist eine Sache, die ich für sehr charakteristisch halte und die mich für diesen Weg eingenommen hat.

Die Lektion von Polarität und Harmonie kommt natürlich auch in den meisten anderen Schulen vor, zum Beispiel in der Astrologie oder in der Kabbalistik. Aber dort sind die Symbole nicht so lebendig und komplex wie die heidnischen Gottheiten. Sie fühlen sich für mich rationaler, konstruierter an und führen mich deswegen nicht so weit in die magische Welt. Aber das kann auf andere Personen auch ganz anders wirken.

Frage: Hattest du eigentlich Begegnungen mit Menschen, die auf deinem Weg eine Art Vorbildfunktion hatten?

Eine spektakuläre und durchschlagende Guru-Erfahrung habe ich nie gemacht

Volker: Einige Schamanen, die ich auf Reisen und auch auf Seminaren traf, haben mich sehr beeindruckt. Aber letztlich kommen sie doch aus einer anderen Kultur und gehen von anderen Voraussetzungen aus als ich. Kurzzeitige Projektionsfiguren waren sie manchmal schon, aber nicht viel mehr. Es gab und gibt aber immer wieder einzelne Eigenschaften und Charakterzüge bei Freunden und Bekannten, die für mich vorbildhaft geworden sind. Das sind Menschen, mit denen zusammen ich lange magisch gearbeitet habe und die mich sehr prägten. Eine spektakuläre und durchschlagende Guru-Erfahrung habe ich allerdings nie gemacht. Abgesehen von den deutlichen Schattenseiten, die Gurus auch haben, halte ich es für einen großen Mangel des heidnischen Weges, daß es keine Lehrer oder Lehrerinnen gibt, die wirklich lange in dieser Tradition gelebt haben und sie authentisch weitervermitteln können. Da muß immer alles improvisiert und ausprobiert werden. Aber vielleicht ist das auch ein Vorteil … Es hält wach.

Frage: Wie haben deine Bekannten und Freunde auf deine neue Religion reagiert?

Volker: Diejenigen, die selbst mit der Sache nichts zu tun hatten, haben auch nicht viel davon bemerkt. Ich habe nichts direkt geheimgehalten, bin aber auch nicht damit hausieren gegangen. Ich lebe ohnehin in Kreisen, wo eine große Toleranz gegenüber religiösen und weltanschaulichen Sonderentwicklungen herrscht. Weiter außen Stehende fragen meist gar nicht so genau nach, weil niemand gern direkt mit ganz obskuren Meinungen konfrontiert wird. Und ich mag meine Weltanschauung und vor allem meine religiöse Praxis auch nicht gern verständnislosen Blicken aussetzen. Natürlich bin ich der Ansicht, daß ein bißchen mehr Heidentum und Spiritualität unserer Kultur guttun würden, aber ich halte dennoch überhaupt nichts vom Missionieren. Gerade auf diesem Gebiet ist Freiwilligkeit das Wichtigste.

Ich glaube, mit der Religionsfreiheit ist es bei uns nicht sehr weit her

Ich habe einen Bekannten, der bei einer Behörde arbeitet. Der hat natürlich dauernd Angst, daß von seinen magischen Freizeitaktivitäten mal was durchsickert. Bei ihm kann das schon den Job gefährden oder zumindest sehr unliebsame Fragen provozieren. Eine andere Bekannte ist sogar direkt bei der Kirche beschäftigt. Da sieht es natürlich noch viel schlimmer aus. Ich glaube, mit der Religionsfreiheit ist es bei uns nicht sehr weit her – wie ja beispielsweise das Berufsverbot für manche Sannyasins gezeigt hat. Ich selbst habe zum Glück noch keine schlechten Erfahrungen gemacht.

Frage: Du sagst, daß es kaum auffiel, daß du zum Wicca-Kult gehörtest. Gibt es denn neben all den subtilen Wahrnehmungsveränderungen gar keine augenfälligen Wirkungen des Heidentums oder der magischen Praxis? Ich meine natürlich nicht die schwarze Katze auf der Schulter, sondern irgendwelche Veränderungen im Alltag? Hat sich da denn nichts getan?

Ein orthodoxer Christ würde sich zwischen diesen Dingen hier schon etwas komisch fühlen

Volker: Ja natürlich, einiges schon. Ich meditiere fast jeden Tag und habe meistens auch ein kleines Ritual gemacht. Größere Rituale fanden dann immer zu den Vollmonden und zu den acht Jahresfesten statt. Aber da wir die Rituale meist nachts und im Freien gemacht haben, fiel das nie jemandem auf. In meiner Wohnung riecht es manchmal nach Weihrauch, aber Räucherstäbchen benutzen andere Leute auch. Und selbst die merkwürdigen Statuen und Bilder brauchen nicht gleich »verdächtig« zu wirken. Ein orthodoxer Christ würde sich zwischen diesen Dingen hier (zeigt im Raum herum) schon etwas komisch fühlen, denke ich, aber ein solcher Besuch war hier noch nie. Na ja, ansonsten pflege ich mich nicht mit irgendwelchen auffälligen Symbolen zu behängen, daß jeder gleich sieht, zu wem ich bete. Sicherlich verändert sich der Alltag ganz schön. Gut finde ich daran, daß ich erstmals gelernt habe, bewußter auf Rhythmen zu achten: Mondrhythmen, Jahresrhythmen, Körperrhythmen. Die Zeit läuft dann nicht mehr einfach ab, aufgereihte, gleichwertige und damit auch gleichgültige Minuten, sondern bekommt verschiedene spürbare Qualitäten – Zeitfarben. Gute Astrologen haben auch ein Gespür dafür.

Frag mal sonst herum, ob jemand weiß, welche Mondphase wir gerade haben. Kaum jemand weiß das, obwohl die Gezeiten und alles mögliche sonst noch davon abhängen. Seit ich mich mit Wicca beschäftigt habe, lebe ich auch ganz intensiv mit den Mondphasen.

Frage: Wie machst du jetzt weiter? Gibt es sonst etwas aus deiner »heidnischen Zeit«, das du beibehältst, das einen bleibenden Wert für dich darstellt?

Ich habe Formen gefunden, meine religiösen Empfindungen auszudrücken und in Bilder zu kleiden

Volker: Ich habe auf jeden Fall sehr viel gelernt, was mir immer wichtig bleiben wird. Damit meine ich zunächst einmal neue Möglichkeiten, mit mir selbst und meinen Mitmenschen umzugehen. Viele Veränderungen, die ich in der Zeit erlebt habe und die nur durch die magische Arbeit möglich waren, sind mittlerweile ein fester Bestandteil meiner normalen Persönlichkeit geworden.
Ich habe Formen gefunden, meine religiösen Empfindungen auszudrücken und in Bilder zu kleiden. Andererseits ist mir auch klargeworden, daß sich rituelle Zeremonien, die mit vielen Leuten abgehalten werden, nur schwer künstlich einführen lassen, ohne unecht und ein wenig peinlich zu wirken. Jedenfalls wirkt es auf mich oft so. Die Selbstverständlichkeit fehlt, weil die Allgemeinverbindlichkeit, die beispielsweise die katholische Messe hat, ebenfalls noch fehlt. Vielleicht ist das auch nur die Anfangskrankheit eines jeden Kults, die nach einiger Zeit einfach abklingt. Aber mir war es zu fremd. Wenn ich mit mir allein bin, macht es mir nichts aus, Neues auszu-

probieren, dann brauche ich aber auch nicht so viele äußere Formen. Ein Aspekt fällt mir gerade noch ein: In dieser heidnisch-magischen Zeit habe ich auch sehr viel über Kulturen und Menschen gelernt, die in ähnlichen Strukturen leben oder gelebt haben. Ich kann das natürlich nicht einfach gleichsetzen, aber zumindest gewinnt man doch ein ganz anderes Verständnis von Magie oder Mythen, wenn man eigene Erfahrungen damit gemacht hat.

Darüber hinaus leben wir ja alle mehr oder weniger mit undurchschauten archetypischen Strukturen. In der Werbung werden sie permanent eingesetzt, um uns zum Konsum zu bewegen, und auch in der Politik wird oft bewußt oder unbewußt tiefenpsychologische Manipulation betrieben. Darüber, ob die Nazis wußten, wie magisch wirksam ihre Rituale und Aufmärsche und ihr Vokabular waren, streiten sich die Gelehrten heute noch. Aber die Tatsache, daß ihr Erfolg nicht zuletzt auch ein psychologischer – ich würde sagen: magischer – Erfolg war, ist wohl unbestritten.

Aus diesen Gründen bin ich bestrebt, meine eigene psychische Struktur möglichst gut zu verstehen, denn das bedeutet ein großes Stück Freiheit für mich. Je besser ich mich kenne und meine Motivationen und geheimen Wünsche und Phantasien akzeptieren kann, desto weniger bin ich manipulierbar. Und das wirkt sich dann wieder auf andere aus, denen ich mitunter deutlich machen kann, wie sie manipuliert werden. Magie steht also im Dienst der Aufklärung. Für manche Positivisten mag das wie ein schlechter Witz klingen, aber wenn man es sich recht überlegt, ist es sogar sehr einleuchtend.

Das bleibt für mich auch angesichts meiner sonstigen Kritik an der Szene ein sehr wichtiger Wert. Und solche Gedanken möchte ich in jedem Fall weiterverfolgen.
Wenn ich das jetzt so aufzähle, merke ich, daß es schon sehr viel ist, was ich an der Bewegung gut und wichtig finde. Wenn nur bei aller Euphorie über das Beschreiten eines neuen Weges die Selbstkritik und der größere Zusammenhang nicht so oft in Vergessenheit geraten würde.

Der Begriff »Hexe« wird in den letzten Jahren sehr inflationär gebraucht

Gespräch mit Viviane (Hexenname)

Viviane, in einer niederrheinischen Großstadt geboren, ist zur Zeit als freie Schriftstellerin tätig. Frühes Interesse an Psychologie und Parapsychologie, schwere Krankheit und Todeserfahrung, danach intensive Beschäftigung mit dem Schamanismus, mit fünfundzwanzig Jahren formelle Initiation in den Wicca-Kult.

Frage: Du bezeichnest dich selbst als »Priesterin der Himmelskönigin«. Warum nennst du dich nicht »Hexe«?

Viviane: Der Begriff »Hexe« wird in den letzten Jahren derart inflationär gebraucht, daß er eigentlich nichts Konkretes mehr aussagt. Es sind so viele Assoziationen mit diesem Wort verbunden, daß ich immer erst stundenlang erklären müßte, was ich nicht tue, bevor ich zu dem kommen könnte, was ich tue. Das versuche ich möglichst zu vermeiden.

Frage: Willst du damit auch ausdrücken, daß der Aspekt des Glaubens, also die Religion, bei dir mehr im Vordergrund steht als die Magie?

Viviane: Das würde ich so nicht sagen. Im herkömmlichen Sinne ist der Glaube ja nur ein Fürwahrhalten. Den Priesterinnen und Priestern der Göttin und/oder des Gottes geht es aber um die Erfahrung der Gottheit. Im Prinzip wäre es nicht falsch, wenn ich behaupte, daß ich den mystischen Aspekt stärker betone als den magischen. Aber worin unterscheidet sich die Invokation einer beliebigen Gottheit, die ja als magische Operation gilt, von der mystischen Vereinigung mit einer Gottheit? Letztendlich doch nur die Definition des Ziels: Der Magier vereinigt sich mit der Gottheit, um ein bestimmtes Ziel zu erreichen, während der Mystiker die Vereinigung mit der Gottheit als das eigentliche Ziel betrachtet. Nun ist es aber so, daß ein erfahrener oder fähiger Mystiker durch die völlig zweckfreie Vereinigung mit der Gottheit einen enormen Zuwachs an persönlicher Kraft erfährt, die ihn wiederum befähigt, magische Dinge zu tun. Ich komme einfach nicht damit zurecht, mich wie ein Magier in den Kreis zu stellen und herauszuschreien, daß ich in meinem Universum die Größte bin. Das hindert mich aber nicht daran zu erkennen, daß ich in mystischer Vereinigung mit der Göttin in meinem Universum die Größte bin … Den gravierenden Unterschied zwischen Mystikern und Magiern sehe ich darin, daß die Magier offenbar zu glauben scheinen, sie müßten sich ständig durch irgendwelche

Zauberkunststücke beweisen, und einen Riesenwirbel um noch bessere, neuere, ausgefallenere magische Techniken machen, während die Mystiker das gelassener angehen und sich auf das konzentrieren, was eigentlich entscheidend ist, nämlich die »Kraft«.

Frage: Die meisten Hexen sprechen von Kräften und Energien. Kannst du beschreiben, was die Kraft für dich ist? Wie sie sich zeigt oder ausdrückt?

Da die Kraft in allen Dingen ist, kannst du im Prinzip durch jeden Gegenstand oder jedes Lebewesen zu ihr gelangen

Viviane: Es ist völlig unmöglich, die Kraft als solche zu beschreiben. Wir sehen oder erleben die Kraft ja nie im Reinzustand. Wahrscheinlich würden wir das auch gar nicht aushalten. Ich würde sagen, aber das ist lediglich mein privates Weltbild, daß es nur eine große Kraft gibt. Sie ist in allen Dingen. Unterschiedlich sind die Gefäße, in die sie fließt, oder die Kanäle, die sie durchströmt. Die spezielle Art oder Form eines Gegenstands oder Lebewesens gibt der Kraft eine bestimmte Ausprägung. Deshalb wirst du als Wahrnehmender das Kraftmuster eines Steins und das einer Pflanze als unterschiedlich erfahren, genau wie die Kraftmuster verschiedener Pflanzen oder verschiedener Menschen. Kein Stein ist wie der andere. In jedem Stein formt sich ein individuelles Muster, genau wie beim Menschen. Natürlich gibt es auch Übereinstimmungen und Ähnlichkeiten. Da die Kraft in allen Dingen ist, kannst du im Prinzip durch jeden Gegenstand oder jedes Lebewesen zu ihr gelangen, und natürlich findest du sie auch in dir selbst.

Frage: Welche Rolle spielen dann Göttin und Gott in deinem Modell?

Viviane: Vielleicht könnte man sagen, daß die Götter für den Menschen die reinste Form der Kraft darstellen. Aber das ist alles nur Theorie. In der Praxis ist die Himmelskönigin für mich die Kraft. Deshalb sage ich im Ritual »Die Göttin ist in allem« und nicht: »Die Kraft ist in allem.« Ersteres kann ich erfahren, letzteres ist reine Spekulation.

Vielleicht könnte man sagen, daß die Götter für den Menschen die reinste Form der Kraft darstellen

Frage: Und was ist mit dem Gott?

Viviane: Tja, gute Frage, aber leider kann ich dazu nicht sehr viel sagen. Im Wicca-Kult werden Göttin und Gott als polare Ausdrucksformen der Kraft gesehen, wobei die Polarität nicht im Sinne von Plus und Minus oder Yin und Yang verstanden werden soll, wie Jörg Wichmann es einmal formulierte. Wie man es aber dann verstehen soll, hat er leider versäumt zu sagen. Ausgehend von meiner Erfahrung der Göttin würde ich sagen, daß Göttin und Gott in sich selbst vollständig sind, also keiner Ergänzung bedürfen. Demnach müßte der Priester, der den Gott invoziert, eigentlich einen ähnlichen Kraft- oder Bewußtseinszustand erleben wie die Priesterin, welche die Göttin invoziert. Aber wenn ich daran denke, was ich bisher mit Priestern im Kreis erlebt habe, wage ich das zu bezweifeln. Ich meine, ich kann mir nicht wirklich ein Urteil darüber erlauben, was im Innern eines Priesters vor sich geht, aber wenn ich die Auswirkungen betrachte …

Frage: Auf die Rolle der Männer im Hexenkult würde ich gern später zurückkommen. Vielleicht kannst du zunächst einmal schildern, wie du überhaupt dazu gekommen bist.

Viviane: Angefangen habe ich mit schamanischen und naturmagischen Praktiken, wie Element-Ritualen, Geistreisen, Arbeiten mit Stein- oder Pflanzenenergien, Geistern, Krafttieren und ähnlichem. Ich hatte das eine oder andere über Schamanismus gelesen und Schamanen getroffen, von denen ich lernen konnte. Aber ich hatte Schwierigkeiten, den Schamanismus in mein Leben zu integrieren …

Ich hatte Schwierigkeiten, den Schamanismus in mein Leben zu integrieren

Frage: Bist du christlich erzogen worden?

Viviane: Nein, damit hatte es nichts zu tun. Ich bin zwar getauft und konfirmiert worden, aber mein Vater war aus der Kirche ausgetreten, meine Mutter ist, soweit ich mich erinnern kann, nie mit mir in die Kirche gegangen, und ganz allgemein war Religion bei uns zu Hause kein Thema. Gelegentlich hat mich eine Schulfreundin zur katholischen Messe mitgenommen, und das hat auch einen gewissen Eindruck bei mir hinterlassen. Ich mochte das Zeremonielle, den Weihrauch, die edlen Priestergewänder, die Gesänge, eben das Rituelle an sich. Inhaltlich bin ich mit dem Christentum nie warm geworden, und ich bin auch von anderen niemals ernsthaft in diese Richtung gedrängt worden. Das Problem war ein ganz anderes. Ich führte meine schamanischen Rituale durch, auch mit Erfolg, aber irgendwie erfüllte mich die ganze Sache nicht. Ich blieb von allem merkwürdig unberührt. Ich wußte, welche Knöpfe ich zu drücken hatte, um bestimmte Phänomene hervorzurufen, aber es bedeutete mir nicht viel. Als ich mich gerade vom Schamanismus abwenden wollte, lernte ich, eigentlich eher unfreiwillig, Harley SwiftDeer kennen. Seine Lehren basieren auf den Medizinrädern, einem komplizierten Analogiesystem, das er als traditionell indianisch verkaufte. Nun, von dem System hielt ich nicht viel, aber SwiftDeer hatte eine besondere Begabung, das Herz eines Schülers zu wecken, es zu berühren. Er konnte wunderbare Geschichten erzählen, und er hatte Humor. Als wir eines Nachts in einer kleinen Gruppe in SwiftDeers Zimmer saßen, kamen seine Geistlehrer vorbei und stürzten sich auf mich. Natürlich hatte ich panische Angst und fürchtete um mein Leben. SwiftDeer war Hüter eines Hochzeitskorbs, eines der wichtigsten Träger weiblicher magischer Macht, und als er merkte, daß ich zu den Geistfrauen ging, legte er den Hochzeitskorb auf meinen Bauch. Ich will hier nicht weiter auf die Einzelheiten eingehen; für mich war das jedenfalls meine erste Lebensvision. Damals konnte ich mit dieser Vision noch nicht viel anfangen, mir war nur klar, daß es dabei um eine Art von Magie ging, die nur von Frauen ausgeübt werden kann, aber mir fehlte noch der Schlüssel zu der ganzen Sache, so daß ich nicht recht weiterkam. Es gibt ja das allseits beliebte Schamanenwort, daß man die Wurzeln im eigenen Land suchen solle, und das versuchte ich dann auch. Ich beschäftigte mich ein bißchen mit westlicher hermetischer Magie und trat in einen entsprechenden Orden ein. Als ich ein Ritual durchführte, um meinen Heiligen Schutzengel, meinen Wahren Willen zu erkennen, erschien mir die Göttin zum ersten Mal, allerdings sehr weit entfernt und auch nur wenige Sekunden lang, aber es war ein Schritt in die richtige Richtung.

Im nachhinein kann man die Zusammenhänge klar erkennen, aber damals sah ich das natürlich noch nicht. Da stand ich nun mit meinen zwei großartigen Visionen und wußte immer noch nicht, was ich tun sollte. Das Rätsel löste sich, als ich wenig später Alex Sanders bei einer esoterischen Tagung traf. Ich hatte vorher noch nie von ihm gehört, und daß es so etwas wie einen Hexenkult gab, war mir zwar irgendwie bekannt, aber nicht wirklich bewußt. Einen Tag bevor Sanders seinen Vortrag halten sollte, traf ich ihn und seinen Dolmetscher im Restaurant. Während wir auf das Essen warteten, versuchte er sein Vortragsmaterial zu ordnen. Er las uns einzelne Passagen aus dem Manuskript vor, Anrufungen, Verse, welche die Himmelskönigin beschrieben, die sie herabriefen. In diesem Augenblick wußte ich, daß es das war, wonach ich gesucht hatte. Die meisten meiner Magier- und Schamanenfreunde waren entsetzt und bedachten mich mit mitleidigen Seitenblicken. Einer fragte mich, ob ich es denn wirklich nötig hätte, mich mit diesem Primitivkult abzugeben … Aber ich hatte die innere Sicherheit, daß richtig ist, was ich tue. Ich hatte das Gefühl, angekommen und endlich zu Hause zu sein.

Alex hatte nicht allzuviel didaktisches Talent, und als ich nach Hause fuhr, waren meine Vorstellungen vom Wicca-Kult immer noch äußerst verschwommen, aber er hatte ein Gefühl für die Sache in mir geweckt. Als ich die Göttin dann zum ersten Mal allein anrief, stand ich zuerst mit hängenden Armen im Kreis und überlegte verzweifelt, was ich nun tun, was ich sagen sollte. Ich benutzte eigene Worte, kam immer wieder ins Stocken und stellte mich so unbeholfen an, daß ich über mich selber lachen mußte. Und in genau diesem Augenblick war sie plötzlich da. Alles andere spielte keine Rolle mehr. Dieses erste Ritual habe ich immer als meine eigentliche Initiation betrachtet.

Ich stellte mich so unbeholfen an, daß ich über mich selber lachen musste. Und in genau diesem Augenblick war sie plötzlich da

Frage: Welche Bedeutung hatte die formelle Initiation für dich?

Viviane: Das war für mich eher eine Art Prüfung. Die Initiationen fanden ja im Rahmen eines Seminars statt. Die Gruppe war relativ groß, wir waren etwa fünfzig oder sechzig Personen. Etwa ein Drittel der Gruppe war vage an Wicca interessiert, ein weiteres Drittel bestand aus engagierten Hexen, die zum Teil auch wegen der formellen Initiation gekommen waren, und das letzte Drittel bestand aus … nun, sagen wir Sensationslustigen.

Am Abend fand also dann das große Ritual statt. Das Feuer brannte, die Zeremonie begann, während die Leute noch herumliefen oder dastanden und sich unterhielten. Außerhalb des Kreises standen die Initianden und warteten, bis sie an der Reihe waren, in den Kreis geführt zu werden. Um den Kreis herum herrschte lebhaftes Treiben.

Ich zögerte, konnte mich nicht entscheiden. Ich kannte eine ganze Reihe von Leuten aus der Gruppe, von denen ich wußte, daß sie vom Wicca-Kult nicht sehr viel hielten. Die Himmelskönigin zu verehren war eine Sache, mich aber dazu zu bekennen, und auch noch vor Menschen, die das alles ablehnten, eine ganz andere. Außerdem sah der Ritus vor, daß der Initiand gebunden und – symbolisch – gegeißelt wird. Später habe ich diesen Ritus selbst einige Male vollzogen, lehne ihn aber heute ab. Wie dem auch sei, in diesem Ritus gehörte es eben dazu. Ich habe lange mit mir und meinem Stolz gerungen, aber ich dachte dann auch, wenn ich wegen diesen Äußerlichkeiten kneife, könnte ich die ganze Sache auch gleich vergessen. Also reihte ich mich in die Schlange der Wartenden ein. Völlig überrascht merkte ich mit einem Mal, daß die Kraft der Hexen mich vollkommen von den Gedanken und Gefühlen der Nicht-Hexen abschirmte. Nach einer Weile wurde ich dann aufgefordert, in den Kreis zu treten. In dem Augenblick, in dem ich die Linie überschritt, drang Sie in mich ein. Ich hatte das Gefühl zu wachsen, überlebensgroß zu werden. Alex zögerte einen Moment und sagte dann, dies hier sei eine Sache zwischen Ihr und mir, der er kaum etwas hinzufügen könne. Und so war es auch.

Ich hatte das Gefühl zu wachsen, überlebensgroß zu werden

Frage: Hast du dich danach einem Coven angeschlossen?

Viviane: Nein. Ich habe zunächst, wenn es sich ergab, mit verschiedenen Priestern gearbeitet. Das war eigentlich eine Notlösung. Ich wollte mich durchaus einem Coven anschließen, aber da ich wußte, daß ich in einem halben Jahr in eine andere Stadt ziehen würde, wollte ich das am alten Ort nicht mehr anfangen. Damals habe ich mich sehr streng an die Gardner/Sanders-Richtung gehalten, deren Rituale sich zwar gut ohne Gruppe, aber nur schlecht ohne Priester durchführen lassen. Ich habe also versucht, für die Rituale einen Priester zu finden, aber das ergab sich eben nicht immer. Also habe ich Rituale zusammengestellt, die ich auch allein durchführen konnte, aber sonderlich befriedigend fand ich das nicht. Weil ich mich von den alten Strukturen nicht lösen konnte, war das Ergebnis einfach nur Stückwerk. Hinzu kam, daß mich die Rituale mit Priestern auch nicht so recht überzeugt hatten. Irgendwann wurde mir dann klar, daß es für mich einfach so nicht geht und daß ich ganz von vorn anfangen mußte, statt mich selbst in eine solche Struktur zu zwingen. Ich habe den Wicca-Kult in dieser Form ganz beiseite geschoben und nur noch allein oder mit Priesterinnen gearbeitet.

Hinzu kam, daß mich die Rituale mit Priestern nicht so recht überzeugt hatten

Frage: Bist du aus dem Wicca-Kult ausgetreten?

Viviane: Das kommt ganz darauf an, wie man den Wicca-Kult definiert. Fanatische »Gardnerian« oder »Alexandrian witches« würden das vielleicht so sehen – nicht unbedingt deshalb, weil ich andere Ritualformen gewählt habe, das wird im allgemeinen sehr locker gehandhabt, sondern weil ich das sogenannte männliche Prinzip ausschließe.

Frage: Bist du der Auffassung, daß Männer im Hexentum nichts zu suchen haben, wie es manche feministische Hexen behaupten?

Eine Medizinfrau oder Schamanin wird nach ihren Fähigkeiten beurteilt, nach ihrer Kraft

Viviane: Nein, mir geht es um das Rollenverhalten. Bislang war es ja so, daß eigentlich in allen esoterischen Bereichen Männer dominiert haben. Gerade die Esoterikszene hierzulande sträubt sich sehr gegen die Gleichberechtigung. Es gibt sogar immer noch magische Orden, die Werbung damit machen, daß sie auch Frauen aufnehmen. Das war auch immer einer der Gründe, warum ich mich, bis auf ein kurzes hermetisches Zwischenspiel, an den Schamanismus gehalten habe. Eine Medizinfrau oder Schamanin wird nach ihren Fähigkeiten beurteilt, nach ihrer Kraft. Man hält sie nicht von vornherein für fähiger oder unfähiger als ihr männliches Gegenstück. Im Hexenkult sieht es zwar auf den ersten Blick so aus, als wären Priesterinnen den Priestern gleichgestellt, wenn nicht gar übergeordnet. Aber gerade diese leichte Bevorzugung ist eine ganz heimtückische Angelegenheit, weil dadurch die eigentlichen hierarchischen Muster verschleiert werden. Im Grundritual der Gardnerianischen und der Alexandrianischen Hexen gibt es zum Beispiel eine Passage, die »das Herabziehen der Mondin in die Priesterin« genannt wird. Sie folgt direkt auf die Errichtung des magischen Kreises und die Anrufung der vier Richtungen. In diesem Teil des Rituals kniet der Priester vor der Priesterin und spricht: »Ich beschwöre dich und rufe dich an, unser aller Mächtige Mutter, Geberin der Fruchtbarkeit, bei Same und Wurzel, bei Knospe und Stiel, bei Blatt, Blüte und Frucht, bei Leben

und Liebe beschwöre ich dich, in den Körper dieser deiner Priesterin und Dienerin herabzusteigen.«
Das Schlimmste ist ja gar nicht, daß die Göttin hier nur in ihrem Aspekt als Mutter angesprochen wird, sondern daß der Priester die Göttin anruft und beschwört und sie bittet, in den Körper der Priesterin zu kommen. Das bedeutet, daß die Priesterin auch hier nur die Rolle des leeren Gefäßes spielt, eine Rolle, die ihr in der hermetischen Tradition schon immer zugeschoben wurde.
Klar, unter erfolgsmagischen Gesichtspunkten ist es vollkommen verständlich, daß der Priester in der Priesterin sein Göttinnenbild belebt sehen möchte. Und je leerer die Priesterin ist, desto besser kann sie eine solche Projektion aufnehmen und verkörpern. Natürlich bist du eine schlechte Priesterin, wenn du die Projektion nicht annimmst. Vor allem läuft es umgekehrt nicht genauso, denn der Priester invoziert den Gehörnten selbst und läßt ihn nicht etwa von der Priesterin beschwören. Von der Struktur her ist das nichts anderes, als wenn ich mich bei einer Evokation als Medium ins Dreieck setze. Das ist für mich ein völlig unbrauchbarer Ansatz.

Frage: Aber als Priesterin hast du doch die Entscheidungsgewalt. Du könntest doch sagen, daß dir dieser Teil nicht gefällt, und etwas anderes vorschlagen.

Viviane: Das setzt ja zuerst einmal voraus, daß ich den Projektionsmechanismus durchschaue. Die meisten Priesterinnen scheitern schon an diesem Punkt. Sie denken, nun hätten sie es geschafft, endlich gäbe es eine Religion, in der sie als Frauen respektiert und anerkannt werden. Man bringt ihnen Verehrung entgegen, sie fühlen sich emporgehoben, beachtet und bestätigt. Sie denken, sie könnten Macht ausüben, aber in Wahrheit haben sie gar keine Macht. Sie werden als Repräsentationsfiguren aufgebaut, und ihr Ansehen steht und fällt damit, wie gut sie sich an die Forderungen von außen anpassen können. Wenn du das nicht durchschaust, kannst du hundert neue Rituale schreiben, ohne etwas Grundsätzliches zu verändern. Nehmen wir jetzt mal an, du erkennst die Projektionsmechanismen, dann ist es nicht damit getan, daß du eine Ritualpassage änderst.

Frage: Warum nicht?

Viviane: Weil die Erwartungshaltung des Priesters bestehenbleibt. Was sich zuerst ändern muß, ist die Einstellung. Dann werden sich andere Ritualformen von ganz allein ergeben. Mir geht es gar nicht so sehr um das Ritual. Ich habe diese Passage nur beschrieben, weil sie so deutlich alte Muster und Vorgehensweisen widerspiegelt. Und das gilt nicht nur für die Priester, auch die Einstellung der Priesterinnen muß sich ändern. Sie müssen sich aufraffen, müssen sich einerseits gegen diese Projektionen wehren und gleichzeitig einen eigenen Zugang, ein eigenes Verständnis gewinnen, wenn sie für sich selbst weiterkommen wollen.

Frage: Ist es dazu aber notwendig, Männer ganz auszuschließen?

Viviane: Für mich ist es notwendig. Seit Jahrhunderten haben Frauen von Männern ausgearbeitetes Gedankengut internalisiert. Es ist leichter, sich von diesen eingefahrenen Denkgewohnheiten zu befreien, wenn man sich erst einmal zurückzieht. Wenn ich ständig gegen irgend etwas ankämpfen muß, habe ich nicht die Zeit und die Ruhe, mich zu öffnen und abzuwarten, welche neuen oder anderen Wege und Möglichkeiten sich für mich ergeben. Ich tappe von einer Notlösung in die nächste, nur um dem etwas entgegenzusetzen, was ich nicht will. Allein oder mit anderen Priesterinnen zusammen stehe ich nicht so sehr unter Druck und kann deshalb kreativer sein. Ein Priester kann so oder so nicht wirklich ermessen, was die Göttin für die Priesterin bedeutet, und die Priesterin kann nicht ermessen, was der Gott für den Priester bedeutet.

Jeder Mensch hat einen ganz individuellen Weg

Frage: Bist du der Ansicht, daß Priesterinnen und Priester einen grundsätzlich unterschiedlichen Weg haben?

Viviane: Jeder Mensch hat meiner Meinung nach einen ganz individuellen Weg. Im allgemeinen wird die Verschiedenheit der Menschen und ihrer Wege im Hexenkult auch respektiert, zumindest stärker als in den meisten anderen Religionen. Es gibt keine feststehenden Gesetze, keine Gebote und Verbote. Natürlich gibt es Übereinkünfte, die sich innerhalb eines einzelnen Coven herauskristallisieren, aber niemand hat das Recht, einem anderen etwas vorzuschreiben. Doch um auf deine Frage zurückzukommen: Ich glaube nicht, daß es einen Weg für alle Frauen gibt, der sich von dem Weg der Männer unterscheidet. Der Weg oder der Wahre Wille oder die Vision eines Menschen ist etwas absolut Einzigartiges, etwas, das in genau dieser Form nicht noch einmal vorkommt, und das ist völlig unabhängig vom Geschlecht.

Ich glaube nicht, daß es einen Weg für alle Frauen gibt, der sich von dem Weg der Männer unterscheidet

Aber davon abgesehen gibt es schon so etwas wie geschlechtsspezifische Mysterien, die von einem Vertreter des anderen Geschlechts nicht erfahren werden können. Das gilt zumindest für die Kulte, in denen Göttin und Gott gleichermaßen verehrt werden. Da ist es eigentlich selbstverständlich, daß sich auch geschlechtsspezifische Herangehens- oder Zugangsweisen entwickeln. Gut, Hexen hat es vielleicht immer schon gegeben, aber der Wicca-Kult in dieser Form ist ja noch ganz jung, und man darf einfach nicht vergessen, daß er vornehmlich von Männern erdacht und verbreitet wurde. Die Priesterinnen, die heute zum Wicca-Kult kommen, müssen erst einmal für sich selbst eigene Zugangsmöglichkeiten erproben. Ich würde es auch sehr begrüßen, wenn sich die Priester in gleichgeschlechtlichen Gruppen zusammenfänden, dann könnte die Arbeit in gemischten Zirkeln später wesentlich fruchtbarer sein.

Frage: Wie würdest du dir denn eine konstruktive Zusammenarbeit zwischen Priestern und Priesterinnen vorstellen ?

Viviane: Was mich schon immer sehr erstaunt hat, ist, daß fast ausnahmslos alle Priesterinnen, die ich kenne, sofort von ihrer Initiationserfahrung an, was übrigens nicht immer die formelle Initiation sein muß, einen sehr tiefen Bezug zur Göttin haben. Ich würde mir wünschen, daß die Priester einen ebenso tiefen Bezug zu ihrem Gott herzustellen lernen. Ich glaube, daß eine konstruktive Zusammenarbeit erst möglich ist, wenn der Priester sich im gleichen Ausmaß vom Gott leiten läßt wie die Priesterin von der Göttin.

Frage: Kannst du das noch etwas konkretisieren?

Viviane: Im Wicca-Kult wird sehr stark mit emotionalen und sexuellen Energien gearbeitet. Dabei ist es praktisch unvermeidlich, daß unverarbeitete Konflikte, Sehnsüchte und Ängste aus diesen Bereichen herausgelockt werden. Wenn die Zeremonien wirklich Feste der Götter sein sollen und kein bloßes Ausleben psychischer Verkrüppelungen, dann müssen die Konflikte möglichst außerhalb dieses Rahmens gelöst werden. Nun ist es aber eher die Regel als die Ausnahme, daß bewußt oder unbewußt angenommen wird, durch die Einbindung in einen Coven sei das Problem automatisch gelöst, die Angst verschwunden, die Sehnsucht befriedigt. Eine Religion sollte mehr sein als ein Mittel, Bedürfnisse zu legitimieren, derer man sich schämt. Wenn man sich beispielsweise ein ganzes Leben lang seines Körpers und seiner Sexualität geschämt hat, ist so gut wie nichts damit erreicht, daß man acht Mal im Jahr nackt über die Wiesen hopst, den Großen Ritus vollzieht und die ganze Sache für heilig erklärt. Ein solcher Akt kann zweifellos die Befreiung der Sinnlichkeit unterstützen, aber nur wenn man auch außerhalb dieses Rahmens gezielt auf eine Veränderung hinarbeitet. Rituale können Veränderungen einleiten und Kräfte mobilisieren, die dem Betreffenden helfen, sie durchzuziehen, aber man gewinnt nichts dadurch, daß man ein Ritual als Flucht in eine Scheinwelt benutzt.

Ich kenne viele Priesterinnen, die sich in Problemsituationen direkt und unmittelbar an die Göttin wenden, um Rat und Hilfe zu finden, ohne großen zeremonialmagischen Aufwand, sondern eher durch eine langsame kontinuierliche Verschmelzung mit der Göttin. Die Persönlichkeit beginnt sich fast unmerklich aber konstant zu verändern, was nach einigen Jahren auch ganz deutlich offenbar wird. Den Priestern scheint ein solches Vorgehen nicht so sehr zu liegen oder nur in Ausnahmefällen. Ich sehe bei den Priestern im Augenblick nicht, daß sie mit ihrem Gott eins werden, und das macht die Zusammenarbeit unausgewogen. Ich will keinen Priester, der an meinem Robenzipfel hängt und erwartet, daß ich ihm all das gebe, was ihm seine Mutter oder das Leben vorenthalten hat, oder daß ich ihn für das Leid entschädige, das ihm die »böse, grausame Welt« zugefügt hat. Der Hexenkult bietet seinen Anhängern sehr weitreichende Möglichkeiten zur Entwicklung von persönlicher Freiheit und Kraft, aber was nützt es, wenn man diese Möglichkeiten gar nicht wahrnehmen will … Ich halte es für sehr wichtig, daß wir diese Herausforderung zur Selbstverantwortung annehmen.

Der Hexenkult bietet seinen Anhängern sehr weitreichende Möglichkeiten zur Entwicklung von persönlicher Freiheit und Kraft

Ich fände es besser, wenn Frauen von Frauen und Männer von Männern ausgebildet und auf ihr Priesterinnen- oder Priesteramt vorbereitet würden, wobei das Hauptgewicht auf der Schaffung eines tiefen individuellen Zugangs zu der jeweiligen Gottheit liegen sollte. Zu den Jahresfesten könnten sich dann beide Gruppen treffen und das Ritual gemeinsam begehen.

Frage: Das dürfte sich dann aber zu einer Vollzeitbeschäftigung auswachsen. Kann man da noch einen Beruf ausüben? Bleibt noch Zeit für ein Privatleben?

Viviane: Wozu denn diese künstlichen Unterteilungen? Das führt doch nirgendwohin. Sicherlich, wenn du gerade neu zum Hexenkult gekommen bist, findest du möglicherweise zuerst nur durch die Zeremonien oder durch magische Übungen Zugang zu deiner Gottheit, aber das muß ja nicht so bleiben. Unter den sogenannten Neuen Hexen gibt es sicherlich viele Hobby-Priester und -Priesterinnen, für die Göttin und Gott nur an den Ritualtagen existieren. Man kann dort auch eine ganz andere Art von Frömmigkeit beobachten. Die Götter oder auch die Natur werden derart verherrlicht und in so unerreichbare Ferne gerückt, daß man gar nicht in die Verlegenheit kommt, sich wirklich darauf einlassen zu müssen. Immer wieder machen sich Hexen über die ach so dummen Christen lustig, die doch tatsächlich geglaubt haben, man müsse prächtige Steinhäuser bauen, um Gott richtig verehren zu können, haha, wie entfremdet diese Menschen doch alle waren, und so weiter! Das sind genau dieselben Leute, die wahrscheinlich einen Herzanfall kriegen würden, wenn ihnen die Göttin die Hand auf die Schulter legte, während sie im 30. Stock vor ihrem Computer sitzen – oder sie würden es gar nicht erst bemerken.

Die Götter sind flexibel, sie kommen auch in eine Betonwüste. Wir sind es, die gewöhnlich erst in die rechte Gebetsstimmung kommen müssen. Der Mensch ist es, der das Einssein mit der Gottheit oder der Kraft verweigert, und nicht umgekehrt. Natürlich müssen wir begreifen, daß wir auf unserem Planeten in kürzester Zeit am Ende sind, wenn wir so weitermachen. Aber das werden wir mit Sicherheit nicht dadurch erreichen, daß wir vor jedem Grashalm verzückt zu Boden sinken. Auch der Versuch, die Umwelt vor dem Menschen zu schützen, muß letztendlich scheitern. Die Zerstörung der äußeren Natur spiegelt nur unsere innere Zerstörtheit. Und zu dieser inneren Zerstörtheit gehört es auch, daß wir unterteilen in Berufsleben, Liebesleben und spirituelles Leben, daß wir die Dinge so scharf voneinander abgrenzen. Natürlich gibt es eine Zeit zu arbeiten, eine Zeit zu lieben, eine Zeit, Zeremonien abzuhalten, eine Zeit, Probleme zu lösen, eine Zeit sich auszuruhen, eine Zeit zu lachen, eine Zeit zu trauern, aber all das ist Leben, all das ist die Göttin, ist der Gott, ist die Kraft.

Die Götter sind flexibel, sie kommen auch in eine Betonwüste

Auf meinem Weg als Priesterin geht es nicht nur darum, daß ich die Zeremonien leiten kann und ein paar Zauberkunststückchen beherrsche. Das ist der leichte Teil. Der schwierige Teil besteht darin, mich

dem Leben nicht länger zu verweigern, sondern das Leben zuzulassen, die Kraft zuzulassen. Das ist eine Aufgabe, die sich stets neu stellt, egal, was man gerade tut oder wo man ist.

Frage: Ich stelle mir das sehr schwierig vor, zumindest für Hexen, die sich im Berufsleben ständig bedeckt halten müssen, weil sie sonst ihren Job riskieren.

Viviane: Hier sollte man aber doch ein wenig zwischen dem Handeln an sich und dem Reden über das Handeln unterscheiden. Wenn es zu meinem Weg, zu meiner Vision gehört, daß ich beispielsweise im Staatsdienst tätig bin, wenn ich erkenne, daß dies aufgrund meiner Anlagen und Fähigkeiten genau der Platz ist, an den ich gehöre, dann bin ich eins mit mir selbst und den Dingen. Es kann wohl zu meiner Strategie gehören, nicht über meine Religion zu sprechen, aber ich selbst bin es doch, die sich für diese Strategie entscheidet. Also kann ich mich allenfalls über meine eigenen Entscheidungen beklagen. Wichtig ist für mich doch nur zu wissen, warum ich diesen Beruf gewählt habe, was ich damit für mich oder für andere erreichen will, herauszufinden, wie meine Ziele aussehen, und sie dann zu verwirklichen. Das kann ich doch tun, ohne mich groß darüber auszulassen. Wirklich leben, »in Kraft sein«, Magie ausüben, eine lebendige, magische Persönlichkeit sein … es gibt keine »Sachzwänge«, keine »unsensiblen Personen«, die mich davon abhalten können. Nur ich selbst kann mir im Weg stehen.

Sollte ich jedoch feststellen, daß mein Beruf meinem Wahren Willen nicht entspricht, habe ich als Hexe die Möglichkeit herauszufinden, was ich wirklich tun will, und kann mich entsprechend verändern. Sicherlich, so etwas geht nicht von heute auf morgen, aber es geht. Was uns daran hindert, ist in erster Linie die Angst und wohl auch die Bequemlichkeit. Wer opfert schon gern seinen Pensionsanspruch, wenn er nur noch zehn Jahre durchhalten muß?
Aber man sollte sich darüber im klaren sein, daß man diese Art von Bequemlichkeit mit Ausweichmanövern und Lügen bezahlt. Und dazu muß man dann auch wirklich stehen können, sowohl zu der Bequemlichkeit als auch zu den Lügen, anstatt »die Gesellschaft« dafür verantwortlich zu machen.

Frage: Es ist aber doch eine Tatsache, daß du mit Schwierigkeiten rechnen mußt, wenn du dich öffentlich zum Hexentum bekennst, daß du von der Gesellschaft als Hexe nicht so einfach akzeptiert wirst, als wenn du Christin wärst.

Viviane: Das ist genau das, was ich sage: Es sind Schwierigkeiten, mit denen du rechnen kannst. Es ist doch gleich, in welche Gesellschaftsform du hineingeboren wirst – potentiell kannst du immer zu den Außenseitern gehören, sei es nun durch Rasse, Religion, Kaste, Weltanschauung oder was auch immer. Offenbar sind menschliche Gesellschaften nicht fähig, Minderheiten und Außenseiter zu akzeptieren. Das ist erst einmal der Stand der Dinge, und es nützt überhaupt nichts zu sagen, daß man das alles gern ganz anders hätte. Wenn ich öffentlich verkünde, daß ich eine Hexe bin, muß ich damit rechnen, daß man mich anfeinden wird. Und ich muß mir vorher überlegen, ob ich mich dem aussetzen will und ob meine Kraft ausreicht, mit den sich daraus ergebenden Konsequenzen fertigzuwerden. Außerdem würde ich als Christin heute auch nicht mehr überall so einfach akzeptiert werden. Solange ich nur auf dem Papier einer Religion angehöre und nicht wirklich fromm bin, geht es vielleicht; aber welcher große Konzern würde heutzutage eine überzeugte, fromme Christin in leitender Position einstellen?

Ich sehe für mich keinen Sinn darin, provokativ aufzutreten

Ich glaube, es hängt sehr viel davon ab, wie du dich in der alltäglichen Realität bewegst. Ich sehe für mich keinen Sinn darin, provokativ aufzutreten. Ich will andere Leute weder schockieren oder erschrecken, noch will ich irgend jemanden bekehren. Natürlich spricht sich in einem kleinen Dorf vieles herum, und manchmal treffen mich neugierige Blicke, aber niemand hat mich bisher direkt gefragt, und bisher hat auch noch niemand offensichtlich feindselig reagiert. Hin und wieder schaut mich einer erwartungsvoll-skeptisch an, als würde er damit rechnen, daß ich gleich in Trance falle oder etwas anderes Seltsames tue. Aber da ich mich der Jahreszeit entsprechend kleide, meine Einkäufe am Freitagnachmittag erledige und mit der Bäckerin über die Lebensmittelpreise rede, bekommen etwaige Gerüchte nicht allzuviel Nahrung. Wenn jemand ganz gezielte Fragen stellen sollte, würde ich nicht ausweichen, aber solange das niemand tut, dränge ich mich nicht auf.

Frage: Als du vorhin beschrieben hast, wie du zum Hexentum gekommen bist, klang das so, als wäre es ein mehr oder weniger fließender Übergang vom Schamanismus zum Hexenkult gewesen. Was hat sich durch die Initiation konkret für dich verändert?

Viviane: Der Übergang war insofern fließend, als ich nichts von dem wegwerfen mußte, was ich im Schamanismus gelernt hatte. Aus dem Schamanismus stammt das magische Handwerkszeug, die Fähigkeit, mit der bereits geformten Kraft zu arbeiten, mit Pflanzen, Steinen, Bäumen, Sternen, mit dem eigenen Körper, mit Liedern, Tänzen, Träumen, Visionen, und so weiter. Durch die Initiation in die Hexenkunst habe ich einen direkten Weg zu einer reineren – im Sinne von weniger geformt und festgelegt – Kraftform gefunden. Das wäre ohne dieses Handwerkszeug sicherlich nicht möglich gewesen, doch seit der Initiation werde ich mehr und mehr unabhängig von den Werkzeugen, was nicht bedeutet, daß ich sie gering achte. Früher habe ich mehr mit abgegrenzten Ritualen, magischen Gegenständen und speziellen magischen Techniken gearbeitet, was ich heute nur noch selten tue. Aber was ich genau tue, kann ich kaum beschreiben. Ich spreche mit Ihr, höre Ihr zu, ich versuche, mich von Ihr führen zu lassen, mich vollständig zu öffnen und Ihr zu vertrauen, ich versuche, mich mit Ihr zu verbinden, Sie in mich aufzunehmen. Das alles geht sehr langsam vor sich und wird nicht unbedingt von spektakulären Ereignissen begleitet, aber immerhin merke ich, daß wir uns näherkommen.

Frage: Hat es dadurch auch Veränderungen in deinem alltäglichen Leben gegeben?

Viviane: In den ersten Wochen nach der Initiation fühlte ich mich sehr beschwingt. Ich hatte den Kopf voll mit neuen Ideen und Projekten, doch sobald ich irgend etwas in Angriff nehmen wollte, löste es sich auf. Es versank so ziemlich alles im Chaos, persönliche Beziehungen gingen auseinander, Freundschaften, die mir früher sehr wichtig gewesen waren, bedeuteten mir nichts mehr, es gab erhebliche finanzielle und berufliche Probleme. Natürlich war mir klar, daß es falsch war, aber ich versuchte trotzdem zu retten, was zu retten war. Sobald ich zugriff, entzog Sie es mir. Sie verlangte, daß ich stillhielt, daß ich keine Pläne machte, daß ich mich zurückzog, Menschen mied, und so weiter. Irgendwann habe ich dann eingesehen, daß ich keine Chance gegen Sie hatte. Mir blieb nichts anderes übrig als nachzugeben. Die Auflösungsphase dauerte etwa ein Jahr. Dann sagte Sie, ich könne jetzt anfangen, mein Leben neu zu organisieren, und beginnen sollte ich im Bereich Freundschaften/Beziehungen zu anderen Menschen. Sie schickte mir Träume zu jeder einzelnen Person, mit der ich in näherer Verbindung stand. Einige Male meinte ich, es besser zu wissen, und habe mich nicht an die Träume gehalten, doch das habe ich dann sehr schnell sein lassen. In diesem Bereich habe ich einiges aufarbeiten können. In letzter Zeit stehen eher berufliche und materielle Dinge im Vordergrund, aber was sich da letztendlich verändern wird, kann ich noch nicht überschauen.

In den ersten Wochen nach der Initiation fühlte ich mich sehr beschwingt

Insgesamt läuft es wohl darauf hinaus, daß ich mein Leben Schritt für Schritt neugestalten muß. Die Vision zu bekommen ist leichter, als sie dann hinterher umzusetzen.

Frage: Wir haben über deine persönliche Entwicklung und dein engeres Umfeld gesprochen. Beinhaltet deine Vision auch irgendeine Form von sozialem Engagement?

Solange man stark mit seinen eigenen Problemen beschäftigt ist, bringt es nicht viel, die Probleme der Welt lösen zu wollen

Viviane: Ja, aber ich kann noch nicht sagen, wie das konkret aussehen könnte. Ich glaube, um sich wirklich effektiv sozial oder politisch engagieren zu können, muß man sein eigenes Leben einigermaßen im Griff haben. Solange man stark mit seinen eigenen Problemen beschäftigt ist, bringt es nicht viel, die Probleme der Welt lösen zu wollen. Soziales oder politisches Engagement kostet sehr viel Kraft, und die hast du einfach nicht, wenn du nicht eins mit dir selbst bist. Außerdem führt das auch zu einer unguten Vermischung von persönlichen und gesellschaftlichen Problemstellungen, und mit dieser Art von Unreife ist die Welt reich genug gesegnet. Ich werde die nächsten fünf bis zehn Jahre noch genug mit mir selbst zu tun haben. Was danach sein wird, hängt von der politischen Entwicklung der nächsten Jahre ab. Im Moment sehe ich Möglichkeiten für ein soziales oder politisches Engagement nur innerhalb oder ausgehend von der Frauenbewegung. Doch in zehn Jahren kann sich viel geändert haben. Es kann sein, daß es diese Möglichkeit nicht mehr gibt, daß es andere gibt oder daß es uns alle gar nicht mehr gibt.

Literatur

Es gibt mittlerweile eine fast unüberschaubare Menge an Literatur zum Thema Hexenkult. Unsere kleine Auswahl empfehlenswerter Bücher zum Thema (nach deutschen und englischsprachigen Titeln getrennt) soll als Anregung für die weitere Lektüre dienen, erhebt jedoch keinen Anspruch auf Vollständigkeit. Bitte vergessen Sie nicht, daß der Hexenkult vor allem aus der Praxis besteht und nicht »erlesen« werden kann!

Titel in deutscher Sprache

Vivianne Crowley:
Wicca. Die alte Religion im neuen Zeitalter, Bad Ischl, 1998
Scott Cunningham:
Wicca. Eine Einführung in weiße Magie, Berlin, 2001
Janet Farrar, Stewart Farrar:
Acht Sabbate für Hexen und Riten für Geburt, Heirat und Tod, Lübeck, 1994
Francesca de Grandis:
Die Macht der Göttin ist in dir, München, 2000
Gisela Graichen:
Die neuen Hexen. Gespräche mit Hexen, München, 1999
June Johns:
König der Hexen. Die Welt des Alex Sanders, Worms, 1984
Silver Raven Wolf:
Zauberschule der Neuen Hexen. Magie und Macht, München, 2002

Silver Raven Wolf:
Zauberschule der Neuen Hexen. Sprüche und Beschwörungen, München, 2002
Silver Raven Wolf:
Zauberschule der Neuen Hexen. Ritual und Harmonie, München, 2002
Starhawk:
Der Hexenkult als Ur-Religion der Großen Göttin. Magische Übungen, Rituale und Anrufungen, München, 1992
Jörg Wichmann:
Wicca – die magische Kunst der Hexen. Geschichte, Mythen, Rituale, Berlin, 1984

Titel in englischer Sprache

Ray Buckland:
Buckland's Complete Book of Witchcraft, St. Paul (MN), 1994
Gerald B. Gardner:
High Magic's Aid, London, 1949
Gerald B. Gardner:
The Meaning of Witchcraft, Wellingborough, 1959/1976
Stewart Farrar:
What Witches Do, London, 1971
Janet & Stewart Farrar:
The Witches' Way, London, 1984
Janet Farrar, Stewart Farrar:
A Witches' Bible, London, 1998

(dieser Band enthält die Bücher »Eight Sabbats for Witches« und »The Witches' Way«)
Doreen Valiente:
Natural Magic, Blaine (WA), 1985
Doreen Valiente:
Witchcraft for Tomorrow (illustriert), Blaine (WA), 1987
Doreen Valiente:
An ABC of Witchcraft, Past and Present, Blaine (WA), 1988

[Die »Hymne an Pan« in unserem Grundritual stammt von dem englischen Magier und Hexer Aleister Crowley (1875-1947), der schon früh mit dem Hexenkult in Verbindung kam, was seine Biographen leider meist verschweigen. Er unterhielt bis zu seinem Tod die allerbesten Beziehungen zu Gerald Gardner. Der deutsche Magier Frater V.·.D.·. hat den Text für unsere eigene Arbeit aus dem Englischen übersetzt und sich dabei an der Erstübertragung durch den Magier Frater Fines Transcendam orientiert.]

Kleines Hexen-ABC

Dieses Kapitel erklärt die wichtigsten Begriffe aus dem Hexenkult in Stichworten. Durch den großen Einfluß vor allem des englischen (zum Teil auch amerikanischen) Wicca auf den deutschsprachigen Hexenkult sind unter Hexen zahlreiche englische Ausdrücke gebräuchlich geworden, die hier ebenfalls erläutert werden.

Alexandrians Wicca-Richtung (siehe dort) in der Tradition des englischen »Hexenkönigs« Alex Sanders, der vor allem Ende der sechziger bis Anfang der siebziger Jahre ans Licht der Öffentlichkeit trat. (Siehe auch Gardnerians)

Allerheiligen (1. November) Totenfest. Jahresfest, bei dem der Umzug der Toten und das Umherziehen des Gottes oder der Göttin durch Wälder und über die Dächer gefeiert wird. Die Bezeichnung »Allerheiligen« ist der christliche Name für das keltische Samhain.

Alraune Eine seit alters her bekannte magische Pflanze (Mandragora), die (ähnlich wie die asiatische Ginsengwurzel) oft einer Menschengestalt gleicht und als typische »Hexenpflanze« gilt. Abgesehen von ihren halluzinogenen Bestandteilen, die sie zur Verwendung als Zauberdroge prädestinierten, wurde und wird die Alraune auch häufig beim Puppenzauber (siehe dort) anstelle einer Wachs- oder Lumpenpuppe verwendet.

Alte Religion Die vorchristliche Religion Europas. Der Hexenkult versteht sich als Erbe und Fortsetzung dieser Religion.

Amulett Mit Hilfe der Magie (siehe dort) geladenes Kraftobjekt, das im Gegensatz zum Talisman (siehe dort) gegen eine bestimmte Situation, ein Ereignis und so weiter geladen wird (zum Beispiel gegen Erkrankung, Geldverlust und so weiter).

Astarte Assyrische Mondgöttin (ursprünglich: Ishtar); ein Name der Großen Göttin (siehe dort).

Athamen (auch, engl.: Athame) Das (gelegentlich auch: der) Athamen ist der schwarze Dolch der Hexe, mit dem die magischen Kreise gezogen und Geister im Zaum gehalten und gebannt werden. Viele Hexen arbeiten zusätzlich mit einem weißen Dolch (siehe: Dolch, weißer). In diesem Fall wird das schwarze Athamen für die konstruktiven, »weißen« Arbeiten verwendet.

Anderswelt Die »andere Welt« der Magie und der Zauber, die Welt der Götter und Geister. In sie dringt die Hexe durch ihre Praxis ein, um mit ihr zu kommunizieren und sich ihrer Kräfte und ihrer Weisheit zu bedienen. Mit dem Tod geht die Seele nach Auffassung der meisten Hexen in diese Anderswelt über (die viele Namen haben kann, aber nicht mit dem christlichen Jenseits verwechselt werden darf). Die praktizierende lebende Hexe erfährt die Anderswelt nicht als einen Ort, sondern als Zustand, vor allem in der rituellen Trance (siehe dort).

Beltane (auch: Bealtaine) keltische Bezeichnung für Walpurgis (siehe dort).

Böser Blick Nach dem Hexenbesen (siehe dort) wohl das bekannteste Attribut der »klassischen« Hexe. Im Volksglauben vom Polarkreis bis Sizilien ist der Böse Blick stark gefürchtet. Die Praxis vieler Hexen, durch starke Blickkonzentration und Innenschau (Meditation) die für ihre Arbeit erforderliche Trance (siehe dort) zu erreichen, führt oft zu einem recht stechend wirkenden Blick, mit dem unter bestimmten Voraussetzungen tatsächlich Willensenergie auf einen anderen Menschen übertragen werden kann, um diesen entsprechend zu beeinflussen.

Brocken (auch: Blocksberg) Der berühmte Berg im Harz war früher Treffpunkt vieler Hexen und ist es noch heute. Vor allem zu

Walpurgis (siehe dort) fanden und finden dort Rituale statt, aber auch manch anderer Sabbat (siehe dort) wird hier begangen. Einen »Blocksberg« gibt es allerdings auch in vielen anderen Gegenden, etwa in Pommern oder in Schweden (der »Blocula«). Für viele heutige Hexen ist der Blocksberg ein mystischer Ort. Oft wird er zum »astralen Sabbat« aufgesucht.

Buch der Schatten Das »Zauberbuch« einer jeden Hexe, in dem Rituale, wichtige Formeln, Anrufungstexte und so weiter festgehalten werden. Auch einzelne Coven (siehe dort) können ein eigenes Buch der Schatten haben. (Manche Hexenkulttraditionen behaupten, im Besitz eines »uralten, seit Jahrhunderten überlieferten« Buches der Schatten zu sein, und die meisten dieser Bücher werden streng geheimgehalten.) Die Bezeichnung Buch der Schatten leitet sich von der Auffassung ab, daß die darin enthaltenen Aufzeichnungen nur ein profanes Schattenabbild der Realität in der Anderswelt sein können. Nach dem Tod der Hexe soll ihr persönliches Buch der Schatten verbrannt werden.

Coven Gruppe praktizierender Hexen, die in der Regel nicht mehr als dreizehn Mitglieder haben soll. Der Coven wird geleitet von einer Hohepriesterin und einem Hohepriester (siehe dort) und ist von anderen Gruppen völlig unabhängig. Jeder Coven entwickelt eigene Traditionen und Regeln sowie seine eigenen geheimen Götternamen.

Diana Römische Mondgöttin, bei den Griechen unter dem Namen Artemis bekannt. Ihr Tempel zu Ephesus war eines der sieben klassischen Weltwunder. Diana war auch die Göttin der Jagd und die »Hexenkönigin«. Diana ist einer der zahlreichen Namen, unter denen die Große Göttin (siehe dort) im Hexenkult verehrt wird (siehe auch dianische Hexen).

Dianische Hexen Anhänger (meist ausschließlich weiblich) der Diana (siehe dort) innerhalb des Hexenkults, die nur mit dem weiblichen Gottheitsprinzip arbeiten, dies allerdings prinzipiell un- beziehungsweise übergeschlechtlich begreifen.

Dolch, weißer Ritualwaffe, die vor allem für destruktive, »schwarze« Arbeiten verwendet wird, etwa für Schadenszauber (siehe auch Athamen).

Einweihung Die rituelle Aufnahme in den Hexenkult, meist in einen Coven (siehe dort). Manche Richtungen des Hexenkults (z. B. das Seax Wicca, siehe dort) vertreten auch das Prinzip der rituellen Selbsteinweihung.

Elemente Die vier Elemente Erde, Wasser, Feuer und Luft galten schon in der Antike als Urkräfte allen Seins. Wenngleich sie in der Alten Religion (siehe dort), soweit wir wissen, nicht ausdrücklich so benannt wurden, findet sich ihre Struktur doch weltweit in fast allen

Kultformen wieder. Im heutigen Hexenkult werden die Elemente oft im Ritual (siehe dort) angerufen, und man arbeitet mit ihren Energien. Grob gesagt steht das Element Erde (Pentakel) dabei für alles Feststoffliche und Konkrete (also auch für das Materielle), das Element Wasser (Kelch) für das Fließende und Wandelbare (also auch für das Emotionale), das Element Feuer (Stab) für das Energetische und Verzehrende (also auch für das Triebhafte) und das Element Luft (Schwert) für das Bewegliche und Kommunikative (also auch für das Intellektuelle). Die Hüter der Elemente (auch »Wächter der Tore«) werden personifiziert und rituell um Hilfe angegangen. In späterer Zeit kam, vor allem unter dem Einfluß der Alchemie, ein fünftes Element hinzu, der Geist oder die Quintessenz. Dieses Element steht, wie die Bezeichnung bereits nahelegt, für das Geistige und Prinzipielle. Das graphische Symbol dieser fünf Elemente ist das Pentagramm (siehe dort).

Erntedank (21. September) Jahresfest der Erntefeier, noch heute in ländlichen Gebieten auch von Nichthexen gefeiert. Zugleich die Herbsttagundnachtgleiche.

Esbat Rituelle Zusammenkunft eines Coven, in der Regel zu Vollmond, was pro Kalenderjahr dreizehn Mal der Fall ist.
Das Wort soll vom altfranzösischen *s'esbattre*, »sich vergnügen, feiern« abstammen. Außer den Esbats werden die Jahresfeste (siehe dort) regelmäßig begangen, die sogenannten Sabbate (siehe dort).

Familiar(geist) Eine der engsten Gemeinsamkeiten zwischen Schamanismus (siehe dort) und Hexenkult ist die Arbeit mit Tierenergien. Hexen wurden oft in Begleitung von Haustieren dargestellt (man denke an die berüchtigte »schwarze Katze«). Das Familiar ist ein Hilfsgeist, der sich oft in Tiergestalt manifestiert beziehungsweise ein Haustier als Vehikel benutzt. Es diente Hexe sowohl als Helfer auf der astralen Ebene der Anderswelt (siehe dort) wie auch als Bote und Überträger magischer Energien. Nicht nur Katzen, auch Hunde und manche Vogelarten eignen sich als hochsensible Vehikel für Familiargeister.

Fliegenpilz Heute ist der Fliegenpilz ganz allgemein ein Glückssymbol, aber früher war er ein typisches Hexenaccessoire. Im englischen Volksmund wird er noch heute als *toadstool* (»Hexenschemel«) bezeichnet, was auf seine halluzinogenen Eigenschaften zurückzuführen ist. Wegen dieser wurde er häufig als Zutat für die Herstellung von Flugsalben (siehe dort) verwendet.

Fluch Zum Repertoire einer jeden Hexe gehört auch die Fähigkeit, Flüche zu verhängen. Diese können sich gegen Menschen, aber auch gegen Tiere, Pflanzen oder Gebäude und – je nach magischer Kraft der Hexe – gegen ganze Landstriche richten. Beim magischen Fluch wird, meist mit Hilfe der Sympathiemagie (siehe dort), Schadensenergie auf das Zielobjekt beziehungsweise die Zielperson übertragen (siehe Puppenzauber). Die Kunst der Fluchverhängung spielte eine wichtige Rolle bei kriegerischen Auseinandersetzungen mit feindlich gesinnten Gemeinschaften, führte aber auch dazu, daß die Hexe selbst in ihrer eigenen Gemeinschaft immer gefürchtet blieb, was sie stets anfällig für Verfolgung machte.

Flugsalbe Salbe aus unterschiedlichen halluzinogenen Substanzen (vor allem Nachtschattengewächse wie Belladonna, Stechapfel und so weiter), die für die Astralreise der Hexen, zum Beispiel beim Sabbat (siehe dort), meist auf die Schleimhäute aufgetragen wurde. Es gibt viele verschiedene Rezepturen für die Herstellung von Flugsalben, aber alle gelten als sehr gefährlich und werden heute nur noch selten verwendet. (siehe Fliegenpilz, Kröte)

Frühjahrstagundnachtgleiche (21. März) Jahresfest, bei dem die Geburt der Welt durch die Göttin gefeiert wird.

Gardnerians Wicca-Richtung in der Tradition des englischen Eingeweihten und Hexers Gerald Brosseau Gardner, der wesentlich zur Popularität des modernen Wicca-Kults beitrug. (siehe auch Alexandrians, Wicca)

Gehörnter Gott Der Gehörnte ist die große männliche Gottheit des Hexenkults und der Alten Religion (siehe dort). Er steht für das phallische, zeugende männliche Prinzip und wird meist unter dem Namen Pan (siehe dort) angerufen. Weitere Namen sind: Pangenitor,

Panphagé, Cernunnos, Atho und andere. Vom Christentum wurde der Gehörnte fälschlich mit dem Teufel (siehe dort) gleichgesetzt, was zur »Verteufelung« des vorchristlichen Heidentums beitrug. Schon in urgeschichtlicher Zeit wurde der Gehörnte Gott verehrt, und Schamanen wie Zauberer tragen bis in unsere Zeit rituelle Geweihmasken, wenn sie in Trance den Gehörnten verkörpern.

Grade Nicht alle Richtungen innerhalb des Hexenkults kennen ein Gradsystem. Wo es ein Gradsystem gibt, unterscheidet man den ersten und den zweiten Grad. Der erste Grad ist die Initiation (siehe Einweihung) beziehungsweise die Aufnahme in den Hexenkult als Priesterin oder Priester. Der zweite Grad wird von der Hohepriesterin oder dem Hohepriester verliehen, wenn der Kandidat seine Qualifikation nachgewiesen hat. Sie oder er wird damit selbst zur Hohepriesterin/zum Hohepriester (siehe dort). Oft wird fälschlicherweise noch von einem »dritten Grad« gesprochen. Damit ist der Große Ritus (siehe dort) gemeint, der in Wirklichkeit kein eigener Grad ist und von Hexen aller Grade vollzogen werden kann.

Große Göttin / Große Mutter Die Gemahlin und der weibliche Gegenpart des Großen Gottes (siehe dort) beziehungsweise des Gehörnten Gottes (siehe dort), häufig als eine Form der Mondgöttin verstanden. Allgemein wird die Große Göttin aber auch als »Himmelsgöttin« und Große Mutter aufgefaßt, und viele Hexen (auch männliche) geben ihr ein größeres Gewicht als der männlichen

Gottheit, wenngleich beide prinzipiell gleichwertig sein sollen. Die Große Göttin wird unter vielen verschiedenen Namen verehrt (siehe Astarte, Diana, Hekate, Inanna, Isis, Kali, Lilith, Mondin).

Großer Gott Der Gemahl und männliche Gegenpart der Großen Göttin (siehe dort), meistens als eine Form des Sonnengottes (siehe Osiris) verstanden. Er verkörpert die Zeugungskraft der Sonne, die im Zusammenspiel mit der Mutter Erde die Ernte hervorbringt. In der Regel sprechen Hexen allerdings eher vom Gehörnten Gott (siehe dort).

Großer Ritus Die Vereinigung von Gott und Göttin. Sie wird stellvertretend von Hohepriesterin und Hohepriester (siehe dort) vollzogen, entweder tatsächlich oder in symbolischer Form, in Anwesenheit des Coven (siehe dort) oder als Paar allein. Der Große Ritus stellt die Verschmelzung der Polaritäten dar. Nacht und Tag vereinen sich miteinander, Leben und Tod, Männlich und Weiblich, und werden auf diese Weise zu einer höheren Einheit, die weitaus mehr ist als die bloße Summe ihrer Teile. Der Ritus dient einerseits der mystischen Erfahrung, andererseits wirkt er kraftspendend und wird auch durchgeführt, um die Fruchtbarkeit des Bodens und reiche Ernte zu fördern. So ist er sexualmystisch und sexualmagisch zugleich. Dabei kommt es freilich nicht auf den körperlichen Vollzug an. Viele Hexen ziehen es vor, den Großen Ritus rein symbolisch (durch die Vereinigung von Dolch und Kelch) zu begehen.

Halloween angelsächsische Alternativbezeichnung für Samhain beziehungsweise Allerheiligen (siehe dort).

Handfasting Dieses englische Wort bedeutet »das Zusammenschließen der Hände« und bezeichnet eine Hochzeitszeremonie unter Hexen, die von dem Coven (siehe dort) abgehalten wird, dem sie angehören. Die Hexenehe kann im gegenseitigen Einvernehmen wieder aufgelöst werden, bleibt also nicht notgedrungen bis zum physischen Tod der Beteiligten bestehen. Manche Hexenehen werden probeweise auf Zeit (ein Jahr und einen Tag) geschlossen.

Hekate Griechische Unterweltgöttin; einer der vielen Namen der Großen Göttin im Hexenkult. Hekate steht für die dunklen Aspekte der Göttin und wird unter anderem mit Lilith (siehe dort) gleichgesetzt.

Herbsttagundnachtgleiche Alternativbezeichnung für Erntedank (siehe dort).

Hereditaries So werden, meist im Kult des Wicca (siehe dort), Hexen bezeichnet, die aus einer eigenen Familientradition stammen und keiner der anderen Richtungen angehören. (Das englische Wort *hereditary* bedeutet »überliefert, erblich«. Man könnte also von »erblichen Hexen« sprechen.) Oft bezeichnen sich die Hereditaries auch als »traditional witches« (= »traditionelle Hexen«).

Hexe Praktizierende(r) Angehörige(r) des Hexenkults, mit oder ohne formelle Einweihung, der oder die in einer Tradition steht oder in Alleinregie arbeitet. Die meisten Hexen streben die Arbeit in einem Coven (siehe dort) an, aber es gibt auch zahlreiche Einzelgänger unter den Hexen.

Hexenbesen Das wohl berüchtigtste Utensil der Hexen, mit dem heute allerdings kaum noch gearbeitet wird. Der Hexenbesen war ursprünglich ein Phallussymbol, das teilweise auch zum Auftragen der Flugsalbe (siehe dort) sowie für sympathiemagische Fruchtbarkeitsrituale autoerotischer Art verwendet wurde. Der Hexenbesen spielt vor allem bei der Hexenhochzeit eine Rolle.

Hexensabbat siehe Sabbat

Hohepriester / Hohepriesterin Das Ritual (siehe dort) wird im Hexenkult von einem Hohepriester und einer Hohepriesterin geleitet. Dies sind zunächst rein funktionale Ämter, die prinzipiell von jedem Mitglied eines Coven (siehe dort) wahrgenommen werden können. Allerdings wird auch der Coven selbst in der Regel von Hohepriester und Hohepriesterin (manche Coven nur von einer Hohepriesterin) geleitet, die auch die Einweihungen durchführen. Außerdem gibt es in vielen Hexentraditionen den zweiten Grad, dessen Inhaber sich als »Hohepriester / Hohepriesterin« bezeichnen dürfen. (Siehe auch Grade)

Imbolg (auch: Imbolc) keltische Bezeichnung für Lichtmeß (siehe dort).

Inanna sumerische Form der Großen Göttin (siehe dort) und einer ihrer zahlreichen Namen im heutigen Hexenkult.

Invokation Anrufung einer Gottheit und Aufnahme ihrer Kraft durch den Anrufenden. Bei der Arbeit im Coven (siehe dort) ist dies in der Regel der Hohepriester (Invokation des Großen Gottes, siehe dort) und/oder die Hohepriesterin (Invokation der Großen Göttin, siehe dort).

Isis Altägyptische Form der Großen Göttin (siehe dort) und einer ihrer zahlreichen Namen im heutigen Hexenkult. Isis ist gleichzeitig Mondgöttin und Schwester sowie Gemahlin des Sonnengottes Osiris (siehe dort).

Jahresfeste Die acht Stationen des Jahres, die heiligen Feste oder großen Sabbate (siehe Sabbat) der Hexen (siehe Allerheiligen, Erntedank, Frühjahrstagundnachtgleiche, Julfest, Lammas, Lichtmeß, Mittsommer, Walpurgis).

Julfest (22. Dezember) Jahresfest, bei dem die Geburt des Sonnengottes gefeiert wird. Später wurde dieses Fest zum Fest der Geburt Christi (Weihnachten) umgemünzt.

Kali Indische Göttin, die den dunklen Aspekt des Weiblichen verkörpert. Ein Name der Großen Göttin (siehe dort).

Kelch Ritualgegenstand, der das Element Wasser symbolisiert (siehe Elemente).

Kessel Der berühmte »Hexenkessel« ist ein sehr alter Ritualgegenstand des Hexenkults, der sowohl eine symbolische als auch eine große praktische Bedeutung hat. Er ist ein Sinnbild des Todes und der Wiedergeburt und gleichzeitig ein Gebrauchsgegenstand. In ihm werden Absude gebraut, und beim Ritual steht er oft in der Kreismitte und wird passend zur Zeremonie geschmückt. Der »Sprung über den Kessel« fördert die Fruchtbarkeit.

Knotenzauber Beim Knotenzauber wird die magische Energie, meist in Form einer gewaltigen Anstrengung, in einen Knoten »gebannt«, also in ihm festgehalten, um wieder zu entweichen, wenn der Knoten gelöst wird (siehe Wettermagie).

Kreis, magischer Als Symbol der Unendlichkeit bildet der Kreis (oft auch Schutzkreis genannt) den örtlichen und zeitlichen Rahmen, die Umgrenzung des Rituals (siehe dort). Beim Ritual findet in der Regel alles Kultische innerhalb des Kreises statt, der nach Beginn der Kulthandlung bis zum Schluß nicht mehr verlassen werden darf, um die energetische Harmonie nicht zu stören. Er ist also einerseits ein

Symbol der Konzentration und dient andererseits der Abgrenzung gegen störende Einflüsse von außen.

Kröte Die Kröte ist neben der schwarzen Katze (siehe Familiar) ein typisches Begleittier der Hexe. Allerdings wurde die Kröte meist aus einem anderem Grund von der Hexe geschätzt. Hinter den Augen bestimmter Krötenarten liegen stark bufoteninhaltige (halluzinogene) Drüsen, die für die Herstellung von Flugsalben (siehe dort) verwendet wurden.

Lammas (1. August) Jahresfest, bei dem das Opfer des Lichtgottes gefeiert wird (Balders Ermordung).

Lichtmeß (1. Februar) Jahresfest, bei dem der Sieg des Lichts gefeiert wird (Thor erschlägt den Eisriesen). Es ist auch das Fest der leuchtenden Mondin, das Fest der Brigid, die mit zahllosen Kerzen und flackernden Lichtern begrüßt wird.

Lilith Althebräische Form der Großen Göttin (siehe dort) und einer ihrer zahlreichen Namen im heutigen Hexenkult. Lilith stellt den dunklen Aspekt des Weiblichen dar und galt in der hebräischen Mythologie als die »Nachtfrau« beziehungsweise »Schattenfrau«, die Adam vor der Erschaffung Evas hatte.

Lughnasadh keltische Bezeichnung für Lammas (siehe dort).

Magie Die Kunst, sich der verborgenen feinstofflichen Kräfte der Natur zu bedienen, um damit Einfluß auf das eigene Schicksal und das anderer zu nehmen. Es gibt viele verschiedene Richtungen der Magie. Im Hexenkult kommt meist die sogenannte Volksmagie zur Anwendung (siehe Zauber).

Maßnehmen Bei der Einweihung in einen Coven (siehe dort) wird mit Hilfe eines Stricks das Körpermaß des Kandidaten genommen. Dieser Strick geht in den Besitz des Coven über und wird bei Tod oder Ausschluß des Mitglieds verbrannt.

Mittsommer (21. Juni) Jahresfest, bei dem der Höhepunkt des Sommers gefeiert wird.

Mondin Der Mondkult spielt im Hexentum eine herausragende Rolle. Die Treffen der Coven (siehe dort) finden meist zu Vollmond oder zu Neumond statt. Zwar verkörpert die Himmelsgöttin oder Große Göttin (siehe dort) nicht nur das Mondprinzip (eher müßte man es umgekehrt sehen), dennoch hat die Mondin als Inbegriff aller weiblichen Energien eine außerordentlich große Bedeutung.

Naturgeister Die Arbeit mit Naturgeistern (auch »das Kleine Volk« genannt) ist Bestandteil jeder Naturmagie und somit auch des Hexenkults. Kobolde, Trolle, Salamander, Sylphen, Nymphen, Feen sind Wesen, die von der Hexe nicht ins Reich der Märchen verbannt werden. Sie kann diese Wesen im entsprechenden Bewußtseinszustand (siehe Trance) wahrnehmen und weiß auch mit ihnen zu kommunizieren.

Osiris Altägyptischer Sonnengott (siehe Isis) und einer der zahlreichen Namen des Großen Gottes (siehe dort) im Hexenkult. Osiris verkörpert Zeugungskraft, Tod und Wiedergeburt zugleich.

Pan Arkadischer Naturgott, eine satyrhafte Gestalt, die für die Freude am Leben im allgemeinen und für die Zeugungsfähigkeit im besonderen steht. Das griechische Wort Pan bedeutet »alles«, und so wurde Pan im Hexenkult zur Verkörperung der männlichen Allgottheit in Gestalt des Gehörnten Gottes (siehe dort). Das Christentum nahm Pan zum Vorbild für den Teufel (siehe dort) und behauptete fälschlich, vor allem in den Zeiten der Inquisition, Hexen seien »Teufelsanbeter«.

Pentagramm Altes magisches Schutz- und Zauberzeichen. Man kennt es auch unter den Bezeichnungen »Drudenfuß, Fünfzack« und anderen. Es ist unter anderem ein Symbol für den (vollendeten) Menschen in aufrechter Stellung und mit ausgebreiteten Armen, wie Leonardo da Vinci ihn in seiner berühmten Zeichnung des »Goldenen Schnitts« dargestellt hat. Im Hexenkult ist es wie in der traditionellen Magie vor allem ein Zeichen des magischen Schutzes und ein Symbol für die fünf feinstofflichen Elemente (siehe dort).

Pentakel Magisch geladenes Kraftobjekt mit unterschiedlichen Funktionen. Stärker zeremonialmagisch (siehe Zeremonialmagie) ausgerichtete Hexen benutzen das Pentakel sowohl als symbolisches Ritualinstrument des Elements Erde (siehe Elemente) wie auch als symbolischen Seelenspiegel. Häufig werden auch Amulette (siehe dort) und Talismane (siehe dort) während der Ladung auf das Pentakel gelegt, was ihre Kraft verstärken hilft.

Puppenzauber Das Stechen von Puppen (meist aus Wachs, Lumpen oder Holz), die »Opfer« darstellen sollen, wird meist nur mit dem Voodoo-Kult auf Haiti in Verbindung gebracht. Diese Praktik ist jedoch schon im Europa des Mittelalters nachgewiesen und wird noch heute von Hexen angewandt, übrigens auch zu Heilungszwecken.

Ritual Kulthandlung, die mystischen oder auch magischen Zwecken dienen kann. Oft ist das Ritual eine dramaturgische Darstellung eines bestimmten Mythos (Tod und Wiederauferstehung des Sonnengottes, Vereinigung der weiblichen und männlichen Gottheit und so weiter), vergleichbar den antiken und mittelalterlichen Mysterien. Rituale gehören zu den ältesten religiös-magischen Ausdrucksformen der Menschheit.

Robe Kleidungsstück, das beim Ritual (siehe dort) getragen wird, wenn die Hexe(n) nicht *skyclad* (siehe dort) arbeiten. Es dient dem magischen Schutz und symbolisiert zugleich das Abstreifen der

Alltagsidentität sowie den Eintritt in die Anderswelt (siehe dort). Die Robe hat einen Kuttenschnitt und besteht in der Regel aus Naturfasern, vorzugsweise aus Seide. Meistens ist sie aus schwarzem Material, häufig wird aber auch mit weißen oder andersfarbigen Roben gearbeitet.

Sabbat Hexenfest. Man unterscheidet allgemein zwischen »Großen Sabbaten« und »Kleinen Sabbaten«. Die Großen Sabbate fallen auf die vier keltischen Vegetationsfeste Samhain (1. November), Imbolg (1. Februar), Beltane (1. Mai) und Lughnasadh (1. August). Die Kleinen Sabbate fallen auf die vier Sonnenfeste, also die Sonnenwenden (ca. 22. Dezember und 21. Juni) und die Tagundnachtgleichen (ca. 21. September und 21. März) (siehe Jahresfeste). »Astraler Sabbat« ist eine Bezeichnung für eine Hexenzusammenkunft auf der feinstofflichen Astralebene (siehe Brocken, Esbat).

Samhain keltische Bezeichnung für Allerheiligen (siehe dort).

Schamanismus Naturnahes System der Heiler, Priester und Zauberer (zum Beispiel »Medizinmänner/Medizinfrauen«, »Hexendoktoren«, »Weise Frauen« und so weiter), meistens bei Naturvölkern (Stammesgesellschaften) zu finden. Mit Hilfe von Trancereisen, offenbartem Wissen, Kräuterkunde und Zauberei nehmen Schamanen und Schamaninnen, modern ausgedrückt, die Funktionen von Arzt, Psychotherapeut, Seelsorger und Wissenschaftler gleichzeitig wahr.

Das Alter des Schamanismus wird von Ethnologen und Anthropologen auf mindestens 60 000 Jahre geschätzt. Der Hexenkult ist ein Überbleibsel und eine Weiterentwicklung des europäischen Schamanismus, der durch die Christianisierung fast völlig ausgerottet wurde.

Schwert Ritualwaffe, die das Element Luft symbolisiert (siehe Elemente).

Seax Wicca Neugründung innerhalb des angloamerikanischen Wicca (siehe dort) durch Raymond Buckland, die sich auf den altsächsischen Hexenkult konzentriert.

Skyclad Englisch für »mit dem Himmelskleid angetan«, also »nackt«. Viele – aber nicht alle – Hexen ziehen es vor, unbekleidet zu arbeiten, sofern die örtlichen und klimatischen Verhältnisse dies zulassen. Durch das Ablegen der profanen Kleidung wird die Alltagspersönlichkeit abgestreift und der Übergang in die Anderswelt (siehe dort) wird erleichtert.

Talisman Mit Hilfe der Magie (siehe dort) geladenes Kraftobjekt, das im Gegensatz zum Amulett (siehe dort) für eine bestimmte Situation, ein ganz bestimmtes Ereignis oder einen ganz bestimmten Wunsch geladen wird (zum Beispiel für Gesundheit, Geldzuwachs und so weiter).

Tanitha Keltische Bezeichnung der Großen Göttin (siehe dort), verwandt mit der phönizischen Göttin Tanat.

Trance Die kontrollierte Trance ist das Tor zu magischen Fähigkeiten und zu den Kräften der Anderswelt (siehe dort). In diesem veränderten Bewußtseinszustand wird es möglich, feinstoffliche Energien wahrzunehmen, sie mit dem magischen Willen zu imprägnieren und zu lenken. Vor allem wenn sie in Trance ist, sprechen die Götter zur Hexe.

Teufel Im Hexenkult gibt es keinen Teufel. Wohl aber hat das Christentum den Gehörnten Gott (siehe dort) der Hexen, den satyrhaften Pan (siehe dort) zur Teufelsfigur hochstilisiert. Daher auch die Gestalt des Teufels mit dem Bocksfuß, seine Gleichsetzung mit sexueller Ausschweifung und so weiter. Durch die Gleichsetzung des Gehörnten Gottes mit dem Teufel war es der Inquisition später ein Leichtes, alle Hexen (oder Menschen, die man für solche hielt) als »Teufelsanbeter« abzustempeln.

Volksmagie Im Gegensatz zur äußerst aufwendigen sogenannten »Buchmagie« (etwa der Kabbala oder der Hermetik) handelt es sich bei der Volksmagie um die Magie (siehe dort) der einfachen Menschen. Hier wird meist mit schlichten Rezepturen und Alltagsgegenständen gearbeitet, zumal diese wesentlich unauffälliger sind (siehe Zeremonialmagie).

Walpurgis (1. Mai) Jahresfest, bei dem die Vermählung von Gott und Göttin gefeiert wird. Vor allem das Fest des Gehörnten Gottes. Walpurgis wurde früher vorzugsweise auf dem Brocken (siehe dort) begangen, eine Tradition, die heute wieder auflebt.

Wetterzauber Aufgabe der Hexe in Ackerbaugesellschaften war und ist es oft, das Wetter günstig zu beeinflussen, um eine gute Ernte und dadurch das Überleben der Gemeinschaft zu sichern. Zu diesem Zweck wurden und werden vor allem Regenzauber durchgeführt. Das Wetter wurde aber auch zu anderen Zwecken beeinflußt. So weiß man von englischen Hexen, die mit Hilfe eines Sturmzaubers die spanische Armada von ihrem Kurs abbrachten und dadurch die Insel vor einer Invasion bewahrten. Im 17. Jahrhundert pflegten finnische Hexen den Seeleuten »Windknoten« zu verkaufen, die ihnen gute Fahrt bei Windflaute sichern sollten (siehe Knotenzauber, Schamanismus).

Wicca Ursprünglich speziell englische Richtung des Hexenkults, die erst nach dem Zweiten Weltkrieg weite Bevölkerungsschichten erfaßte.

Witch Englische Bezeichnung für »Hexe«, die mittlerweile auch im Deutschen gebräuchlich ist.

Zauber Angewandte Magie (siehe dort), meist erfolgsorientiert. Das Verhängen oder Ausführen eines Zaubers gehört seit Urzeiten zu den

Aufgaben der Hexe (siehe Puppenzauber, Wetterzauber, Zaubersprüche).

Zaubersprüche Gesprochene Formeln, mit deren Hilfe Magie (siehe dort) betrieben wird und Zauber (siehe dort) verhängt werden. Es gibt eine Reihe überlieferter Zaubersprüche, aber bei den allermeisten handelt es sich um persönliche Offenbarungen, die nur für die jeweilige Hexe wirksam sind.

Zeremonialmagie Westliches System formalisierten magischen Arbeitens im Ritual (sieh dort) mit stark kabbalistischen und astrologischen Einflüssen. Die Beziehungen zwischen dem Hexenkult und der Zeremonialmagie sind eher lockerer Art, da sich Hexen im allgemeinen vorzugsweise der Volksmagie (siehe dort) bedienen.

Bezugsquellen und Kontaktadressen

Der Hexenkult ist nach wie vor erfreulich unkommerziell, was ihn von manchen anderen Bereichen der sogenannten »Esoterik« deutlich unterscheidet. Der Nachteil daran ist, daß Hexen mitunter Schwierigkeiten haben, das für ihre Arbeit erforderliche Zubehör zu beschaffen und sich über ihren Kult auszutauschen. Das hat sich seit der Popularisierung des Internet zu unseren Gunsten verändert. Wer hier sucht, wird in (fast) jedem Fall fündig. Im folgenden finden Sie die Adressen einiger Versandunternehmen, die sich auf Ritualgegenstände und anderes Hexenzubehör spezialisiert haben, sowie ausgesuchte Adressen, über die Sie weitere Informationen erhalten und eventuell sogar Kontakte knüpfen können. Diese Angaben erfolgen aufgrund der starken Fluktuation in der Szene jedoch ohne Gewähr.

Ritualgegenstände und Zubehör

New Moon
PO Box 110
Didcot
Oxon OX11 9YT
www.newmoon.uk.com

Fairmoon
9, Baker Road
Giltbrook
Nottingham NG16 2FZ
www.fairmoon.co.uk

Isis – Urania
Werner Larsen
Wieckhorster Dorfstraße 7
29640 Schneverdingen
www.isis-urania.de

Informationen und Kontakte

www.eismagie.de
Seminare und weiterführende Literatur über Magie, Schamanismus und verwandte Gebiete.

www.geraldgardner.com
Informationen über Leben und Wirken von Gerald B. Gardner. Mit vielen Links.

www.doreenvaliente.com
Alles über Doreen Valiente. Mit vielen Links.

www.equinox-net.de
Viele Informationen und Links, u. a. zur Zeitschrift *Der Golem*.

www.dersteinkreis.de
Ein Forum für Angehörige alternativer Religionen. Mit vielen Links.

www.wicca.org
Homepage der Church and School of Wicca. Mit vielen Links.

www.ariadnespider.com
The Pagan Search Engine, eine Standardreferenz-Seite mit vielen Links unter den Stichworten »Wicca« und »Pagan«.

Bildquellen

Seite 6 u.a.: Covenlogo: Barbara Benfrádj
Seite 14/15.: Zeichnung: Barbara Benfrádj
Seite 30: Foto aus der Sammlung Morgan Davis, Fotograf unbekannt, Abdruck mit freundlicher Genehmigung von www.geraldgardner.com
Seite 32, links: Foto: Stewart Farrar, Abdruck mit freundlicher Genehmigung von Janet Farrar
Seite 32, rechts: Foto aus dem Archiv Frater V.·.D.·., Fotograf unbekannt
Seite 34: Foto: Michael Quinn, Abdruck mit freundlicher Genehmigung von Janet Farrar und Gavin Bone
Seite 67: Foto: D. Hooley, Abdruck mit freundlicher Genehmigung von Janet Farrar
Seiten 92, 93, 100, 110, 187, 188, 123-130: Zeichnungen: Reinert & Partner, Agentur für Werbedesign
Seiten 95, 97, 99, 102, 104, 116, 119, 133, 135, 159, 161, 179: Fotos: Ivano Polastri, Fotostudio Druwe & Polastri
Alle übrigen Fotos: Dr. Juliane Molitor

Wir danken:

Unseren Lehrern, den sichtbaren wie den unsichtbaren, die uns anleiteten zu tun, was unsere Bestimmung ist – auch in Zeiten der Widrigkeit und des Leids.
Der Hexe Viviane für ihre Erlaubnis, unser aufschlußreiches Gespräch mit ihr abzudrucken.
Der Hexe Volker S. für die gleiche Erlaubnis und für manchen wertvollen inhaltlichen Rat.
Der Hexe Kassandra, die unser Manuskript auf Fehler durchlas und uns bei vielen Formulierungen half.
Dem Magier Frater V.·.D.·. für seine wohlwollende und großzügige Beratung in verlagstechnischen Fragen und für die Erlaubnis, seine Übersetzung von Crowleys »Hymne an Pan« hier abzudrucken.
Den vielen genannten und ungenannten Autoren, den lebenden wie den toten, die auf ihre Weise dazu beigetragen zu haben, den Schleier der Finsternis, der sich über die Alte Religion gelegt hatte, ein wenig zu lüften und die Wahrheit über die Götter zu offenbaren.